JN228395

3000年の叡智を学べる 戦略図鑑

Napoléon Bonaparte

Niccolò Machiavelli

Abraham Lincoln

Máo Zédóng

Sūnzi

Peter Ferdinand Drucker

Gaius Iulius Caesar

Činggis Qan

Renée Mauborgne

Pyotr I Alekseevich

Tamemoto Kuroki

Basil Henry Liddell-Hart

鈴木博毅
ビジネス戦略コンサルタント

たきれい
イラスト

かんき出版

戦略は、現代人の「使える教養」に

古代から21世紀の最先端まで使われている「戦略」とは何か？

　ボンヤリわかっているけど、正確に答えられないことってありますよね。「戦略」という言葉の意味や定義は、その最たるものではないでしょうか。インターネットで検索すれば、星の数ほど戦略に関連する情報はヒットしますし、ビジネスに関わる方であれば、戦略という言葉は繰り返し耳にする頻出キーワードのようなものです。

　戦略のイメージとして一番シンプルなのは、「何らかの成功法則」という定義でしょう。しかし筆者は、拙著『「超」入門　失敗の本質』（ダイヤモンド社）で、「戦略とは追いかける指標である」と定義しました。このほうがわかりやすく、応用が利くからです。

　あなたが自動車レースに参加するとしましょう。勝つための作戦はさまざまに考えられますが、このとき「エンジンの馬力」を追求すれば、「大馬力戦略」となります。「車体の軽量化」を追求すれば、

なってきた

「軽量化戦略」。「ドライバーの腕」を追求すれば、「ドライバー力量戦略」を、あなたのチームは選択していることになります。

　ここで重要なのは、「追いかける」という点です。

　私たちは意識的に特定の戦略を選びますが、途中で「追いかける指標」を変えることもできるのです。大馬力のエンジンを積むだけでは勝てないことがわかれば、レースに勝つためには、「別の指標」を追求すべきこともわかります。

「競争のある戦略」と「競争のない戦略」

　戦略の中には、「競争」という言葉がついた「競争戦略」と呼ばれる分類があります。競争相手がいる場合、相手よりも優位に立たないと利益を得られないことがあるからです。典型的なのは、順位を争うレースや、成績によって獲得賞金に差が出るコンテスト、特定市場での利益を争うビジネスなどが挙げられるでしょう。

では、「競争のない戦略」なんてものはあるのでしょうか？　もちろん、存在します。たとえば、健康管理をしたり安全運転を心がけるなどの目標には「競争」がありません。この場合の「追いかける指標」は、それを追求する人たちほぼ全員が何らかの恩恵を受けることになります。相手より優位なポジションに立たなくても、ある指標を追いかけることで全員が利益を得るならば、それは「競争がない有効な戦略」と言えます。

　ただし、そのような戦略は、実行しても劇的な利益が得られにくいことが多いものです。競争がない状態での戦略は、人間が自然に持つ「人より優越したい」という気持ちを満たすものではありません。相手がいる場合は刻一刻と状況が変わりますが、競争相手がいない場合には目標が変わることが少ないため、得られる利益の振れ幅が小さいのです。

「競争がある」と、必ず相手を痛めつけることになるか？

　「競争のない戦略」と異なり、「戦争戦略」は、典型的な「競争戦略」と言えます。なぜなら、必ず競う相手がいるからです。勝った側には大きな利益があり、負けた側は膨大な損失を受けることになります。本書ではおもに、「戦争戦略」を第 1 章と第 8 章で、「競争戦略」については第 2 章で扱います。

では、必ずしも全面的に相手と戦ったり、相手より優位に立たないと「勝利」は得られないものでしょうか？　そんなことはありません。「他人と戦う」ことなく、「他人と協調する」ことで、勝利が得られる戦略もあります。それが「協調戦略」です。おもに、第3章の「競争を避ける競争戦略」の中で紹介しますが、自分や自分が属している組織だけでなく、相手にも恩恵があるなんてすばらしいと思いませんか？　戦略が「人類の叡智である」と言えるゆえんかもしれません。

「人類3000年の叡智」が凝縮された「戦略思考」が身につく

　本書を読み進めるとわかりますが、戦略は人類の歴史を通じて高められてきた、大いなる存在です。古代の戦争から中世の政治闘争、現代ではビジネスの競争など……勝者と敗者がある場所には、常に「戦略」がありました。

　戦略の歴史は、人類の歴史でもあります。本書では紀元前に生まれた戦略も紹介しています。「ホコリをかぶったような、古い戦略を学ぶ意味なんてあるの？」と思われるかもしれませんが、古き戦略は、より根本的な指標でもあるのです。そして、古きすばらしい戦略があったからこそ、永年積み重なって現代の（最先端の）戦略が生まれたことも、まぎれもない事実です。

戦略の進化を学ぶことは、人類の叡智を眺め、人間の知恵の積み重ねをなぞっていくことでもあります。最新の戦略を獲得するにあたっても、最古の知恵を学ぶことで深い理解が得られるでしょう。

　それだけではありません。戦略を学ぶことは人類の歴史を学ぶだけでなく、現代人にとっては「戦略思考を身につける」というメリットがあります。

　「戦略＝追いかける指標」を定めることは、未来を見通す洞察なので、自然に「先を描く」クセが身につきます。さらに、戦略はよりよい状況を生み出すための「解決策」を考えるツールですから、あなたが人生で困難な状況にぶち当たったとき、「戦略思考」はあなたの大きな助けとなってくれるでしょう。先の見えない不安に振り回されず、文字通り「戦略的に」生きていくことができるはずです。

勝者総取りの 21 世紀は、戦略を知る人ほど豊かになれる

　21 世紀に入って、さらにテクノロジーは進化し、私たちの生活は変化し続けています。GAFA と呼ばれる世界企業の出現に代表されるように、世界の姿を一変させる企業戦略が次々と生まれる新時代なのです。そして、勝者となる者はそんな戦略を知り、大きな力を得ています。

新しい戦略は、それが分析され、説明できるようになって初めて書籍などにまとめられます。その意味で、実際に機能し始めた新たな戦略は、まだ定義されていないにもかかわらず、すでに社会で大きな力を発揮している不思議な存在です。第 6 章と第 7 章でこれら最新ビジネスの戦略を扱っていきます。

　本書は、ビジネスの世界ですでに大きな力を発揮している最新の戦略をはじめ、永年受け継がれる古い戦略の知恵まで、ざっくり「大づかみ」するための初歩の 1 冊です。

　第 1 章で紹介する「孫子の兵法」が書かれたのは、紀元前 500 年ごろと言われています。しかし、これも突然生まれたわけではなく、長い年月を積み重ねて世に出てきたと考えるのが自然でしょう。数限りない知恵を残してくれた先人たちへ敬意を込め、本書の副題を『3000 年の叡智を学べる』としました。

　就活中の大学生から、新規事業の構想を得たい現役ビジネスパーソン、後悔しない人生設計のための知恵を探したい方まで、役に立つ戦略知識が満載です。

　現代の教養である戦略の新世界に、さっそく飛び込んでみましょう！

2019 年 12 月　鈴木 博毅

第 **4** 章

産業構造の戦略

第**5**章

実行の戦略

第**6**章

イノベーションの戦略

第7章 IT時代の戦略

第 **8** 章

戦争戦史

古代から現代までの戦略史MAP

古代

古代軍隊としての
戦闘中の力学

- 孫子

> 戦いがあれば、
> 戦略が生まれる。
> 弱者でも勝てるよう
> 知恵を使え！

- アレクサンダー大王
- カエサル

> チャンスを
> つかんだ者こそ
> 勝者になれる！

統制、規律、
組織コントロールの
威力

- 韓非子

中世

- ウェゲティウス
  （軍事論）

- マキアヴェリ（君主論）

> 「正しい目標」と
> 状況に応じた
> 柔軟性を持つ者が
> 名君だ！

機動力と火器の
活用

- チンギス・ハン
- ナポレオン
- クラウゼヴィッツ

◆ナポレオン以降の時代に戦略論が増えた理由◆
古代から中世のあいだ、有名な戦略理論はローマ帝国の軍事史家ウェゲティウス
の『軍事論』があるが、この時代以降ナポレオンの時代まで名を残す戦略論が
出てこないのは、軍事技術のイノベーションがなかったことが大きな理由である。

近現代

技術発展と戦略の形成
- ○ 米国南北戦争
- ○ ランチェスターの法則

生産方式の革新
- ○ トヨタ生産方式

競争・資源の優位性議論
- ○ ポーター
  （ポジショニング戦略）
- ○ バーニー
  （経営資源戦略）

古典的ビジネス戦略の革新
- ○ ビジョナリー・カンパニー
- ○ ブルー・オーシャン戦略
- ○ 戦略サファリ

理論から実践への経営戦略
- ○ 経営は「実行」
- ○ ドラッカー

インターネット技術による近未来戦略
- ○ ジェフ・ベゾス
- ○ ブロックチェーン・レボリューション

組織の革新、起業家精神の本質としての戦略
- ○ ティール組織
- ○ ゼロ・トゥ・ワン

> IT技術により、「強者」が変わってきた！

ナポレオンが台頭できたのは、砲術を学んだだけではなく、大砲の製造技術が向上したこと、携帯性が高まり、大砲を山頂まで運べるようになったことが大きい。技術的な発展で、これまでできなかったことができるようになると、新たな戦略が生まれる素地となる。

この本の見方・使い方

時代やカテゴリーに分け、**38** の戦略家や戦略書・戦略論を紹介しています。あえて「人」や「書名」などに統一せず、なるべくなじみのあるキーワードで構成しました。好きなところから読んでいってください。

「**この**戦略のポイント」では、戦略を大きく**3**つのポイントに絞りました。ここでは、主に戦略書の文言や、戦略家が残したとされる言葉などを取り上げています。その **3** つのポイントについては、あとのページで詳しく解説しています。

取り上げた戦略書は、巻末に「参考・引用文献一覧」として掲載しています。さらに詳しく知りたい方、興味のある方は、ぜひ挑戦してみてください。

STAFF

本文デザイン　高橋明香（おかっぱ製作所）

DTP　野中賢（システムタンク）

校正　加藤義廣（小柳商店）

Senryaku

第 **1** 章

古代・中世・近代 の 戦争戦略

「人と人の戦いがあるところに、戦略あり」
古来、人や国が有利に立とうとするときには
「戦略」が練られてきました。
古代から近代までに実践された
「知恵」を見ていきます。

柔軟であれば、勝機はいくらでも発見できる!

孫子の兵法
Martial arts of Sonshi

100回戦って
100回勝つことが
最善ではない!

成立の経緯

著者の孫武は古代中国の戦争を研究しており、彼を登用した呉国の宰相伍子胥の命令で、宿敵の大国楚を打ち破る策を練っていた。敵の勢力を徐々に削り、敵が備えていない場所を攻める発想を持つ。

考えた人

紀元前 500 年ごろに中国の呉で将軍となった孫武が、兵法書『孫子』の著者と言われている。呉は孫武の巧みな指揮で、ライバルの楚に劇的な勝利を収めた。

内容

書籍『孫子』は、全 13 篇からなる戦略書。簡潔な文体の古典であるが、深い思考を含み、21 世紀の現代でも軍事組織などで研究が続けられている。

私たちも
ファンです

ナポレオン・
ボナパルト

マイクロソフト創業者
ビル・ゲイツ

ソフトバンク創業者
孫正義

悩み

常に自軍が敵軍より多いとは限らないし、
不利なときのほうが多いかも……

答え

「兵力の多さ」や「規模」という一面性に目を奪われる
な！１つの側面だけにとらわれると、勝利の可能性を
失ってしまう！

この戦略のポイント

①敵の強みをよけて戦う
「故に人の形せしめて我に形なければ、則ち我は専まりて敵は分かる。（中略）敵は衆し
と雖も闘うことなからしむべし。」

②戦わずして勝つのが最善の策
「百戦百勝は善の善なる者に非ざるなり。戦わずして人の兵を屈するは善の善なる者な
り。」

③勝つために必要なのは武力だけではない
「故に善く兵を用うる者は、人の兵を屈するも而も戦うに非ざるなり。人の城を抜くも而も
攻むるに非ざるなり。人の国を毀るも而も久しきに非ざるなり。必ず全きを以て天下に争
う。」

敵の強みをよけて戦う

相手の強みや得意なところを避け、相手が予想していない場所での勝負にしてしまう。

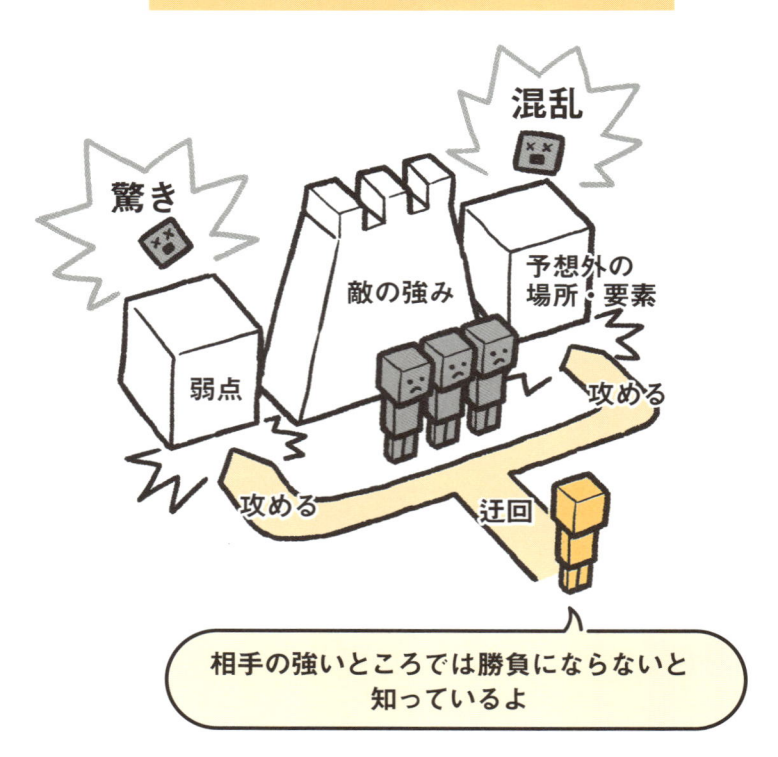

驚き

混乱

敵の強み

予想外の
場所・要素

弱点

攻める

攻める

迂回

相手の強いところでは勝負にならないと
知っているよ

実践 ほとんどの行動にはライバルが存在する。ライバルが強みとする場所を避けて、誰も予想していないところを攻めれば、容易に勝てる。

戦わずして勝つのが最善の策

正面から戦えばこちらも疲弊する。
戦わなくとも相手が屈服する方法を選ぶ。

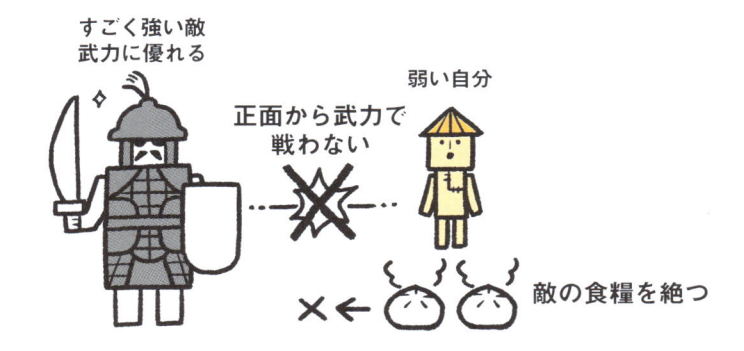

すごく強い敵
武力に優れる

弱い自分

正面から武力で
戦わない

敵の食糧を絶つ

負けました！

勝利！

> 戦わないで済むなら
> 自分の戦力も
> 削らないでよいので、
> 最高の勝ち方と言える

敵は食べ物がなくて戦えない

直接にぶつかり合うよりも、相手が攻撃してくるのに必要な基本条件を奪うほうがよい。オセロの4つの隅を奪うような行動を見つけよう。

勝つために必要なのは武力だけではない

目的は「勝利」であって、「戦うこと」ではない。
「交渉力」「政治力」もフル活用しよう。

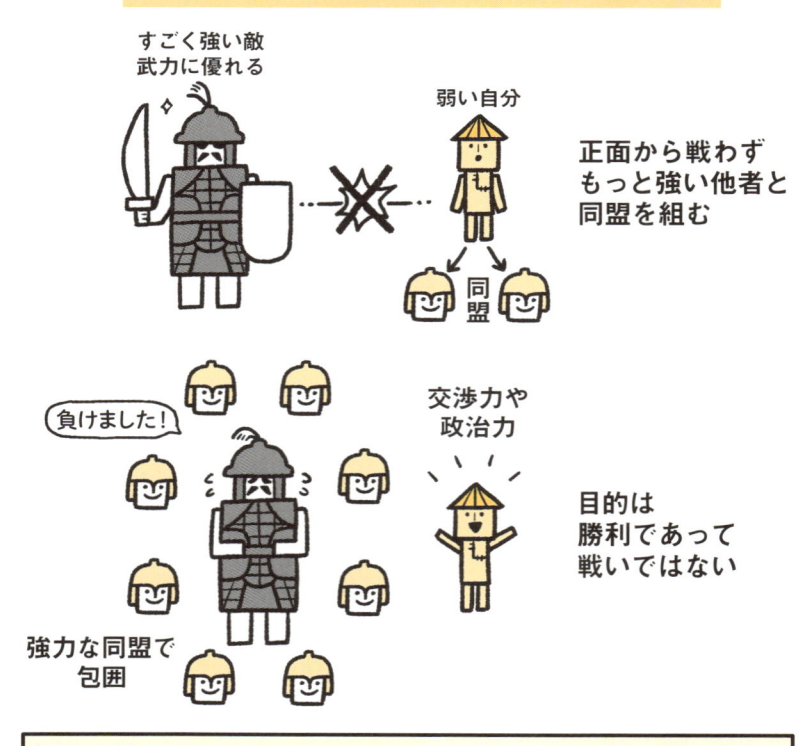

すごく強い敵
武力に優れる

弱い自分

正面から戦わず
もっと強い他者と
同盟を組む

同盟

負けました！

交渉力や
政治力

目的は
勝利であって
戦いではない

強力な同盟で
包囲

武力が足りなければ、ほかの誰かに力を借りればよい！

1対1で戦わなければいけないというルールはない。ならば同盟国やグループの力を利用して、相手を圧倒すればいい。

「相手の強みとは違う場所で勝負した」事例

フランス料理なのに、立ち食いのスタイルで、一流のシェフ・一流の食材でも低価格が実現。

一般のフレンチ店

長時間いられるよい雰囲気を演出。
食品の原価率は 30% ほど。

俺のフレンチ

立ち食いのスタイルで回転率を上げ、
贅沢な食材を使用（原価率 60%）。

※現在は全席着席型スタイルで展開している。

実践

後発企業がまったく同じ武器で戦っても、負けるのは目に見えている。この事例の「コストパフォーマンスのよさ」のように、まったく違う武器で戦うべき。

みんなのアイドル！ 孫武くん

意表を突く場所を攻め、
相手を混乱させて優位に立つ

ハンニバル・バルカ

Hannibal Barca

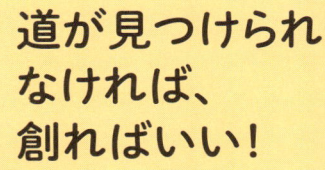

道が見つけられ
なければ、
創ればいい！

考えた人

「戦略の父」と呼ばれたハンニバル・バルカは紀元前247年生まれ。地中海の覇権を握っていたカルタゴの将軍。「バルカ」は「雷光」を意味する。

内容

カルタゴとローマの戦い「第二次ポエニ戦争」。ハンニバルの軍勢（カルタゴ軍）は出発時に約9万人、イタリア到着時には半数に減っていた。対するローマ軍は総数で30万人を超える大兵力だったが、ハンニバルは緒戦で連戦連勝して、ローマを震撼させた。奇襲で相手の意表を突くこと、劇的な勝利によりローマ連合の解体を狙った。

成立の経緯

イタリア半島から勢力を拡大したローマとカルタゴは覇権を争う。軍人だった父の代の戦争でカルタゴは敗戦から制海権を失っており、失地回復とローマを滅亡させるため、ハンニバルは現在のスペインから陸路でイタリア半島に侵入し、優勢なローマ軍と対決した。

悩み

圧倒的に優勢の敵軍に対して、
逆転勝利したい……。

答え

意表を突き、その混乱で敵を圧倒。さらに、敵の支配
地域を離反させることで、相手の勢力基盤を崩せ！

この戦略のポイント

①「敵の敵＝味方」という永遠の基本戦略

「敵はローマ」と告げ、ローマという共通の敵を作ることで、ハンニバルはガリア人を含めたいくつかの部族、国家を味方につけることに成功した。

②「相手の意表」を突き、形成を逆転させる

ローマ軍がまったく予想していなかった地域（北イタリア）から5万の軍勢と戦闘象37頭で侵入したことで、敵軍を混乱に陥らせ、準備が整わない状態で戦闘に入り、劇的な勝利を得た。

③他人に依存する要素が増えると、計画は崩れやすくなる

意表を突く勝利でローマに戦意を喪失させ、連勝することで、ローマに支配された諸国が、ローマに反旗を翻してカルタゴに味方することを「期待していた」。しかしこれらはハンニバルが強制できる要素ではなく、彼の勝利は彼自身がコントロールできないことに依存する要素が強すぎた。

この戦略の
POINT1

「敵の敵＝味方」という 永遠の基本戦略

「**敵はローマ**」と周辺民族や支配国家に告げ、 共通の敵を作る効果で戦いを有利に運ぶ。

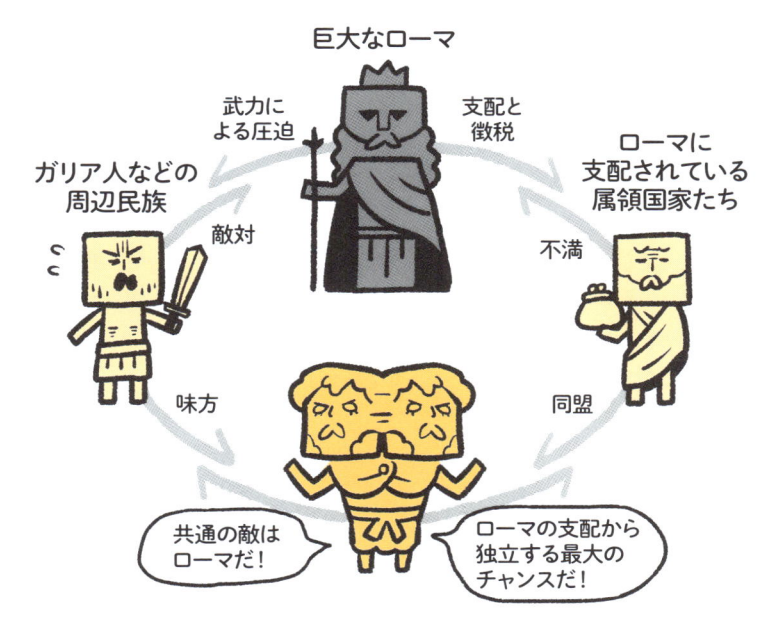

「敵の敵は味方である」という構造を活用して、 自軍を増強する。

敵の敵を味方にしやすいのは、古代から現代まで不変の真 実である。ハンニバルは、この真実にしたがって、巧妙に巨 大なローマ帝国と戦った。

「相手の意表」を突き、形成を逆転させる

敵の意表を突いた攻撃によって
相手を混乱させる効果。

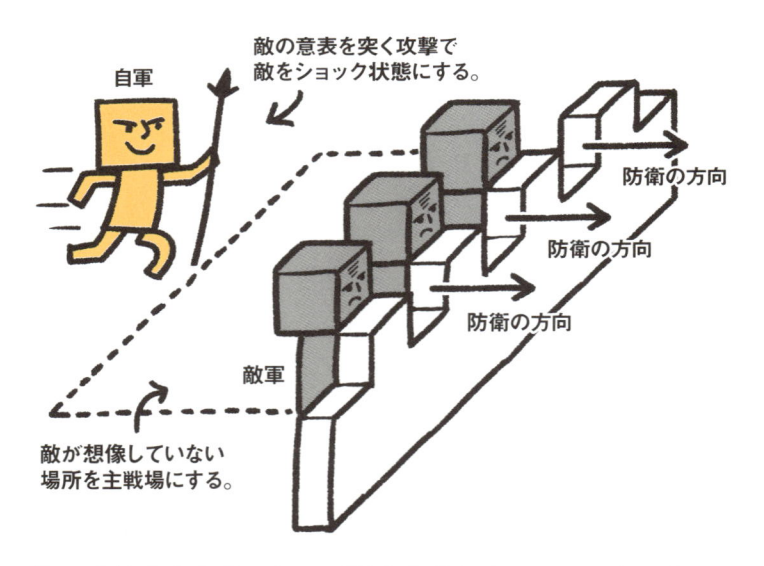

自軍

敵の意表を突く攻撃で
敵をショック状態にする。

防衛の方向

防衛の方向

防衛の方向

敵軍

敵が想像していない
場所を主戦場にする。

敵の冷静さを奪うことで、形成を逆転させることを狙う。

実践 戦闘象を率いたアルプス越えは、ローマ軍に驚きを与えて混乱を引き起こした。相手の予期しない場所で戦うことが勝利を導く。

この戦略の
POINT 3

他人に依存する要素が増えると、計画は崩れやすくなる

自分でコントロールできないことに依存するほど、その計画は失敗の可能性が高くなる。

| 負けるパターン1 | 相手の状況や意志に依存する |

ローマに支配
された諸国

ローマの同盟から
離反して、こちらの
味方になってほしい

ハンニバル

戦闘を
諦めてほしい

ローマ

ハンニバルに味方するかは
各国が決めることで強制できない。

食糧・武器・資金などがあれば
戦うか否かは自分で決められる。

| 負けるパターン2 | 戦いが続けられない状況を作られてしまう |

武器も石油も食糧
もない！ 負けた！

白旗

島国で石油や食糧・武器・
原料を輸入に依存していると、
海上封鎖で強制的に
戦闘を止めることができる

> 相手にコントロールされず、こちらが相手を強制できる計画を立てる。

ハンニバルの最大の敗因は、自分がコントロールできない要素に計画を依存したことである。購入するかどうかは、顧客が決めることであるのと同じ。

実践

徹底的に「機会」に焦点を合わせ、
知識を超える行動力を常に発揮する

ユリウス・カエサル

Julius Caesar

徹底して
「機会」に
焦点を合わせよ!

考えた人

ユリウス・カエサルは紀元前100年生まれ。共和制ローマの政治家、軍人。ガリア人との戦争で一躍英雄となり、エジプトで政争に関わりクレオパトラを女王にした。政敵ポンペイウスを倒して独裁官となるが、紀元前44年にブルータスに暗殺される。

成立の経緯

ローマの共和政が制度疲労を起こした時代に生まれたこと。政敵に囲まれながら生きる必要があり、なおかつガリア人などの周辺部族にローマが脅かされていた難しい外的環境があった。

内容

カエサルの生涯を3区分すると、「若き日の行政官の時代」「三頭政治家の1人として活躍し、ガリア人を討伐した時代」最後に、「内戦によりローマを席巻して、敵対勢力を殲滅して、終身独裁官となるまでの時代」となる。

ナポレオン・
ボナパルト

私たちも
ファンです

悩み

政治的に難しい状況を切り抜けて、
あらゆる戦争にも勝つためには、
どんな資質があればいいのだろう……?

答え

高度な知識と思考力、人を動かす人望のみならず、
誰よりも果敢に行動して勝機をつかむことが重要！

この戦略のポイント

①より多くのチャンスに気づき、活用した人間が勝者になる
「成功は戦闘そのものにではなく、機会を上手くつかむことにある。」

②常に「行動」が「知識」を上回る
「きわめて知的で高い教育を受けていたにもかかわらず、行動の人であり、だからこそ人々
の記憶に残った。」

③1つの専門分野だけでは勝利できない
同時代のスッラ（軍人）、キケロ（雄弁家）、ホンペイウス（政治家）など、多様な人物
がいたが、カエサルのようにいくつもの分野で突出した人物はいなかった。大きな問題や
機会は、複数の分野にまたがるので、カエサルは単独の専門家より常に先んじた。

より多くのチャンスに気づき、活用した人間が勝者になる

戦闘そのものより、機会をうまくつかむことが何より重要。

力を合わせられない！

砦を作る

機先を制された！

分断

敵A

敵B

先回りだ！

カエサルの軍

| 機会活用の実践 |

- これから戦場となる場所に最速で到着し優位を占める。
- これから必ず必要になる物資を押さえる。
- これから必ず通過する場所に強固な砦を先に築く。

[ガリア戦争のクライマックス]

5万人のローマ兵に10万人のガリア人が殺到したがすでに砦があって勝てなかった。

助けたいけど無理だ！

ローマ軍が先に包囲して砦を構築

HELP

アレシア城市敵の大将の場所

砦が強固で大将を助けられない！

ガリア人

ガリア人

実践 機会をうまくつかむことは、そのあとの戦闘をきわめて有利にする。結果としてどうなるかを見極めて、有利な場所を占拠すべし。

常に「行動」が「知識」を上回る

高度な知性を持ちながら、常に行動力が知性を上回ったカエサル。

普通の人	カエサル

考えすぎて動けない

押し下げる

考えるほど、情報と知識が
あるほど、動けない。

考える力があるうえに
行動力もある

やるぞ！

押し上げる

知識や情報、思考力を高めると、逆に行動がにぶくなる者がいる。カエサルは知識と思考を常に抜群の行動力が上回った、類（たぐい）まれなる実行家だった。

実践

1つの専門知識だけでは
勝利できない

異なる分野の能力を横断的に高めたカサエル。

圧倒!!

カエサル

軍人・雄弁家・政治家

重要な3分野の能力を
横断的に高めた。
決断力と行動力で敵・ライバルを
圧倒した。

スッラ	キケロ	ポンペイウス
軍人	雄弁家	政治家

各分野の専門家でも
分野外の能力は
極めて低い

実践 専門家は1つの分野だけに高度なため、横断的な問題に弱い。カエサルは、横断的な能力を高めて、一分野だけの専門家たちを圧倒した。

Column

天才カサエルの華麗なる悩み

あらゆる体験から学ぶ、柔軟性の脅威

チンギス・ハン

Činggis Qan

> 血族・部族を超える
> 「鉄の団結力」が
> 勝利の秘訣！

成立の経緯

チンギス・ハンは、幼少期から青年期まで、遊牧民の部族での争いで裏切りに遭い、屈辱的な境遇を耐え抜いた。そのため、鉄の規律を持つ軍団を作り、騎馬民族の強みを最大限生かした戦闘を行った。

考えた人

チンギス・ハンは 1162 年生まれ。小部族の長の息子だったが、苦難の幼少期を過ごした。遊牧民族のモンゴル人を統一して、中央アジアから東欧にまで至る、古代ローマの 2 倍ほどの巨大帝国を作り上げた。

内容

チンギス・ハンの戦争は、大きく 3 つの分野に分かれる。1 つめは、「草原の他遊牧民を攻略し、大ハーン（統治者）として統一してモンゴル帝国としたこと」。2 つめは「当時の中国大陸の金王朝をたびたび破ったこと」。3 つめは「中東から東欧への大遠征と征服」である。

悩み

多数の部族に分裂した地域をまとめ、
強い国を生み出すことはできるのか……?

答え

部族を超えて忠誠を誓わせる「鉄の規律」を設定し、
周辺の知識や技術、優れた人材を受け入れ、拡張
していく柔軟性を持て!

この戦略のポイント

①「血」を超える「鉄の団結」で仲間を増やす
「雨が降っても槍が降っても、約束は約束である。」

②敵のすべてを「学び」とし、「強さ」に変えていく
「モンゴル文字を制定し、中国人から攻城技術を学び、西域での情報網を活用した。」
「モンゴルの栄華はすぐれた軍事力のみによるものではなく、むしろ「科学を活用した賜
物」だった。」

③敵を恐怖のどん底に落とし入れ、戦う前に勝つ
「ブハラの街は避難民であふれるだけでなく、街全体に恐怖が蔓延する。モンゴル軍は
敵陣の背後深くに攻撃をしかけることによって、たちまちホラズム王国中に混乱と恐怖の
渦を巻き起こした。」

「血」を超える「鉄の団結」で仲間を増やす

裏切りが当然の遊牧民に「鉄の団結」をさせた工夫。

血縁を重視する氏族制社会にあって、
有能な非血縁者を次々に採用した。

約束は絶対に守るが
裏切者には必ず報復する！

法律や文字
の制定

チンギス・ハン

従う者への
寛容さ

公平な褒賞

血族を超えて
鉄の団結力を持つ
集団を生み出した

裏切りには
必ず報復

実践 分裂や裏切りが当然の社会で、血族を超える鉄の軍団を作った。すぐれたチームの作り方はそれだけで大きな武器となる。

敵のすべてを「学び」とし、「強さ」に変えていく

飛び抜けた学習力が遊牧民族の大帝国を作った。

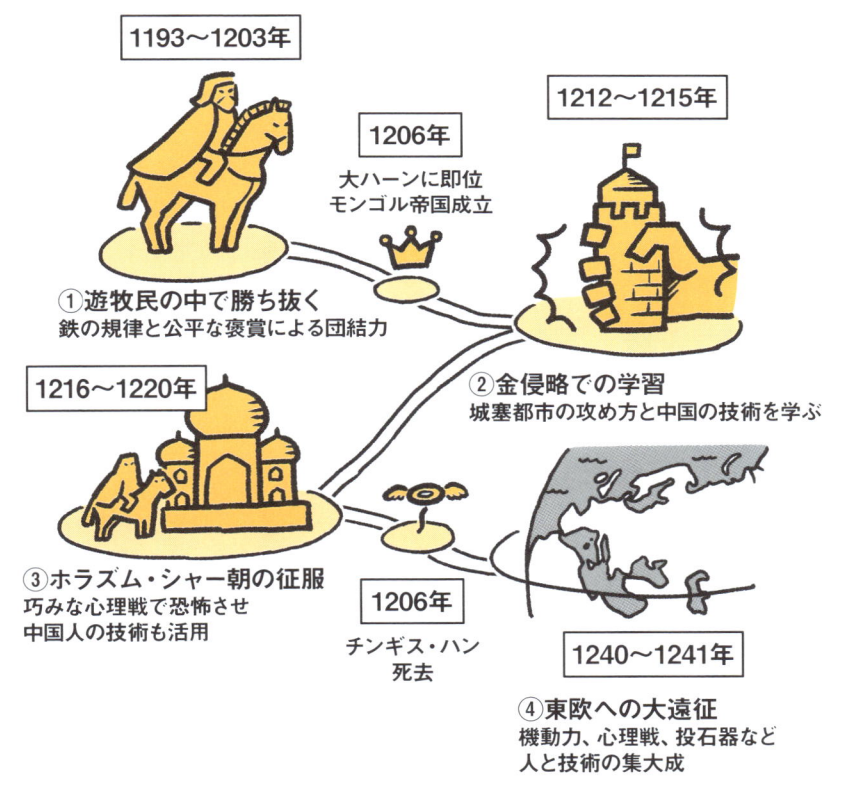

1193〜1203年

1206年
大ハーンに即位
モンゴル帝国成立

1212〜1215年

①遊牧民の中で勝ち抜く
鉄の規律と公平な褒賞による団結力

②金侵略での学習
城塞都市の攻め方と中国の技術を学ぶ

1216〜1220年

③ホラズム・シャー朝の征服
巧みな心理戦で恐怖させ
中国人の技術も活用

1206年
チンギス・ハン
死去

1240〜1241年

④東欧への大遠征
機動力、心理戦、投石器など
人と技術の集大成

戦うたびに敵から学ぶ、究極の謙虚さが大勝利を生み出した。
チンギス・ハンはあらゆる者から学ぶセンスを持っていた。

実践

敵を恐怖のどん底に落とし入れ、戦う前に勝つ

徹底した心理戦で戦う前に恐怖させ、戦意を喪失させる。

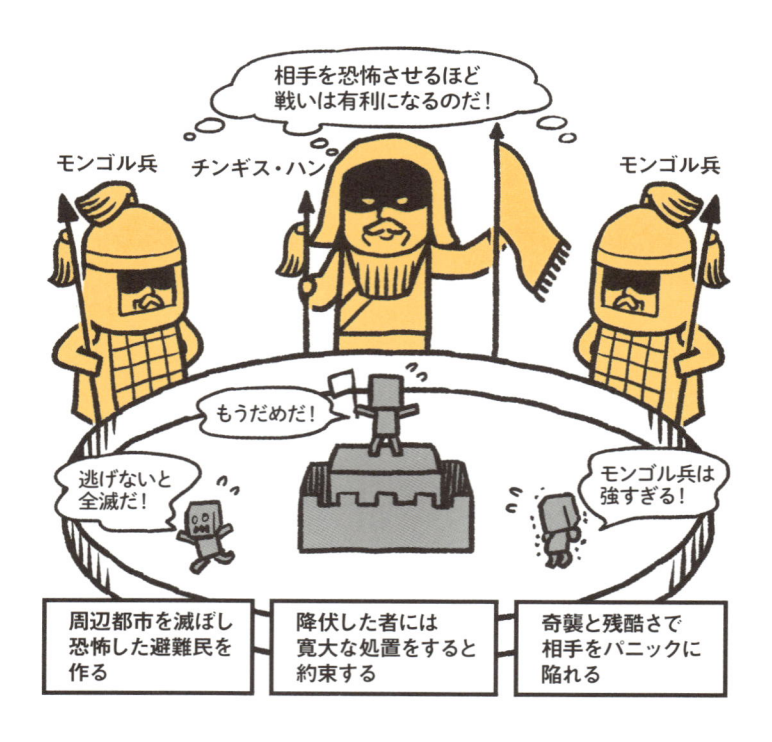

実践 モンゴル軍は、実際の戦闘の前に好んで心理戦を使った。彼らのこの戦法は、戦う前に敵が恐れて降伏するなどの効果を生んだ。

Column

ハンくんと徳ちゃんは飲み友だち

カンパーイ！

ハンくん、地上の4分の1の土地を征服したんだって？

徳川家康　江戸幕府を開いた将軍

チンギス・ハン　モンゴル帝国の初代皇帝

徳ちゃんもさぁ…平和な日本を作った立役者なワケじゃん？

ニャいっぱい 天国

時代も国も違うこの2人には、ある共通点があった。それは…

父親に見捨てられる

こうしたほうがいいよ。

え!!

売られる

まいどー。

人質にされる

家康（竹千代）

不憫な子どもだったこと…

チンギス

異母弟に襲われる

攫われる

父の配下に見捨てられビンボー一生活

父親が暗殺される

辛い幼少期だったねぇ…

結果オーライだよ！

うん…でもさ、お互い成功したからさ！

2人の夜は更けてゆく──

よーし飲も！

おう…

Senryaku

5

「正しい目標」を掲げて、人を動かす

ニコロ・マキアヴェリ

Niccolo Machiavelli

> リーダーは
> 恨みを買わずに
> 恐れられよ!

成立の経緯

マキアヴェリは、祖国フィレンツェが外国に占拠された際に追放処分を受け、引退。その後『君主論』を執筆した。小国の団結には冷酷さが必要であり、リーダーに知恵と支配力がなければ国家は維持できないことを強調している。

考えた人

ニコロ・マキアヴェリは1469年生まれの政治思想家。イタリア・フィレンツェ共和国で第二書記に抜擢され、外交官として活躍した。

内容

書籍『君主論』は、全26章の書物。古代からの君主国を分析し、君主の行動や思想がどのような結果を生み出したかを述べ、その上で権力を握る君主のあるべき選択を提示する。現代でも、政治家をはじめ世界中で愛読されている。

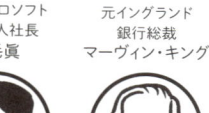

エステー取締役会会長、代表執行役会長
鈴木喬

元マイクロソフト
日本法人社長
成毛眞

元イングランド
銀行総裁
マーヴィン・キング

私たちも
ファンです

ニコロ・マキアヴェリ

悩み

考えも性格もバラバラの人たちが集まっている。
どうすればみんなを1つの目標に対して集中・団結させて、
リーダーの地位を安定的に維持できるのだろう……？

答え

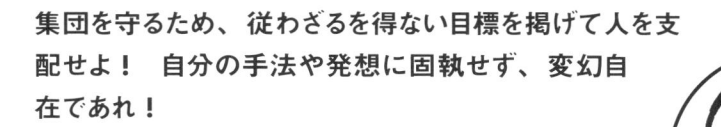

集団を守るため、従わざるを得ない目標を掲げて人を支
配せよ！　自分の手法や発想に固執せず、変幻自
在であれ！

この戦略のポイント

①正しい目標設定が指導力を生み出す

「モーセの力量をうかがい知るには、イスラエルの民が奴隷としてエジプトにいる状況が必
要だった。キュロスがどんなに偉大な心の王かを知るためには、ヘルシア人が、メディア
の民に抑圧されていなくてはならなかった。」

②生き方を変えられる者が永続する

「用意周到な二人の人物が、いっぽうは目標に達し、もう一人はできなかったということが
起きる。（中略）これは、彼らの行き方が、時代の性格とマッチしていたか、いなかった
かの一事から生じる。」

③ゴールを設定しない者は指導力もゼロ

リーダーの指導力はゴールの設定から生まれる。一致団結する価値のあるゴールを設定
することが、リーダーの力量そのものなのである。

正しい目標設定が
指導力を生み出す

正しい目標を掲げ、指導力の基礎にする。

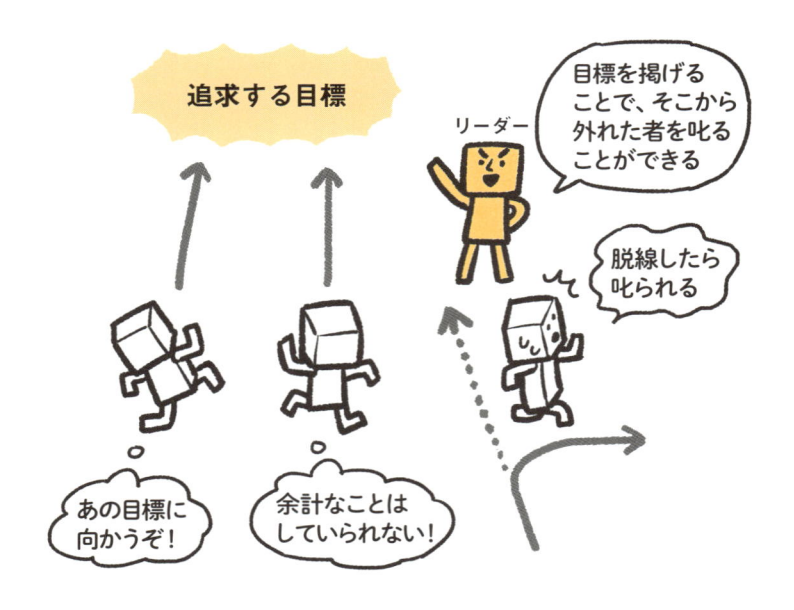

追求する目標

リーダー

目標を掲げる
ことで、そこから
外れた者を叱る
ことができる

脱線したら
叱られる

あの目標に
向かうぞ！

余計なことは
していられない！

目標さえ間違っていなければ、部下が道を外れることはない。

実践

部下に正しい行動をして欲しければ、まずはあなたが目標を
掲げるべき。目標を掲げないのに、相手を責めるのはお門違
いである。

生き方を変えられる者が永続する

**状況こそが常に「最善手」を決める。
状況に応じ変化できるのが賢明な人間。**

北風が吹く日	太陽が照り付ける日

この場合は……

**コートを着て
温かくすることが正解**

この場合は……

**コートを脱いで
涼しくすることが正解**

> **成功と失敗は、時代や状況と合致しているか否かで決まる。
> 手法や発想を固定化せず、
> 状況や時代を読んで対処することが重要。**

あなたが正しいか間違っているかは、状況が決める。状況が変わったら、勇気をもって過去の生き方を変える者が勝者になる。

実践

ゴールを設定しない者は
指導力もゼロ

日本航空（JAL）を再生させた稲盛和夫氏は、会社の理念を決めてから、初めて社員を叱れた。

稲盛和夫氏の指導力も
理念や行動基準から生まれた

理念
全従業員の
モノ・心両面の
幸福を追求

行動基準
アメーバ経営
による
部門独立採算

指導力は「ゴール」や「理念」、「行動基準」を
設定することで生まれる。
ゴールのないところに指導力は存在しない。

実践 リーダーが掲げる目標は、集団にプラスがあり、「否定できないもの」であるべき。それが、多くの者を束ねる指導力になる。

戦略を使えば
弱くても勝てる

Senryaku

第2章

競争戦略

戦いの基本は相手との戦い、

つまり「競争」です。

勝ち抜くために戦略は発展していきました。

「競争に勝つための戦略」を

見ていきます。

戦略において、「攻撃」と「防御」の2つは、
永遠のテーマである

マイケル・E・ポーター
Michael E.Porter

> 戦略の目標は、
> 独自性と価値の高い
> ポジションの創造で
> ある。

成立の経緯

価値（顧客のニーズを効率的に満たすこと）を提供するために、あらゆる立場の者が行う「競争」の原理を解明するため、『競争戦略論』は著された。

考えた人

マイケル・E・ポーターは、1947年米国生まれ。軍人の父を持つ。ハーバード大学大学院で経営学修士、博士号を取得。1982年に史上最年少で同大学の正教授になる。競争戦略の世界的権威。

内容

2018年に発行された『[新版] 競争戦略論I・II』は、それぞれ全3部、全2部の構成。内容は、「競争と戦略」「戦略・フィランソロピー・企業の社会的責任」「戦略とリーダーシップ」「立地の競争優位」「競争によって社会問題を解決する」などがある。

悩み

企業競争を制するには、どんな動きに注目すればいいのか？
この世界の競争の構造は、一体どんなものなのか？

答え

競争戦略の基本動作は「防衛するか」「新規参入するか」の2つ。守るときには自社の参入障壁を強化する。攻めるときは、「相手の参入障壁を切り離す」か、「無効化する」。

この戦略のポイント

①競争戦略とは「5つの参入障壁の攻守」である

5つの競争要因とは「新規参入者の脅威」「買い手の交渉力」「既存企業同士の競争」「代替品や代替サービスの脅威」「サプライヤーの交渉力」のこと。

②業務効率の改善と戦略的な行動は違う

「業務効果とは、競合他社よりも類似の活動を上手に行うことである。（中略）他方、戦略ポジショニングは、競合他社とは異なる活動を行う、あるいは類似の活動を異なる方法で行うことである。」

③「商品」「顧客のニーズ」「アクセス」から戦略を絞り込む

3種類の戦略ポジショニングがある。1）バラエティ・ベース・ポジショニングは、「業界の製品やサービスの中から一部を選んで提供すること」、2）ニーズ・ベース・ポジショニングは、「ある顧客グループを選んだら、そのニーズのほとんど、あるいはすべてに対応するというもの」、3）アクセス・ベース・ポジショニングとは、「アクセスの方法の違いによって顧客をセグメントすること」。

競争戦略とは「5つの参入障壁の攻守」である

相手の参入障壁を崩すか、自己の障壁を強化するか。

競争戦略の基本

守る
自己の参入障壁を
強化する

攻める
競争相手の参入障壁を
切り離すか、無効化する

攻めたり、守ったりする「5つの参入障壁」とは

新規参入者の脅威	買い手の交渉力	既存企業同士の競争

代替品の脅威　サプライヤーの交渉力

実践 ビジネスの競争は参入障壁をめぐって行われる。相手の参入障壁を崩して侵入し、相手の意図を破壊して防御すること。

この戦略の **POINT 2**

業務効率の改善と戦略的な行動は違う

Senryaku **6**

マイケル・E・ポーター

業務効率の改善と戦略的行動の違い。

業務効率 競合他社よりも類似の活動を上手に行うこと。

競合他社

軽い滑車

熟練の労働者

バケツの形状改善

水を汲む **業務効率** 基本は同じ行動

戦略的な行動

①競合他社とは
異なる活動を行う

井戸から水を汲まないで
ペットボトルを輸送して売ろう！

②競合他社と類似の活動を
異なる方法で行う

人間の労働力で水を汲む
のは非効率だよね！

実践

戦略ポジショニングの本質は、競合他社とは異なる活動を選択すること。他社と異なる商品・サービス、顧客のニーズ、立地こそが武器となる。

「商品」「顧客のニーズ」「アクセス」から戦略を絞り込む

3種類の「戦略ポジショニング」

①バラエティ・ベース・ポジショニング

特別なサービス・製品のみに絞り込む

（例）ジフィー・ルーブ・インターナショナル
自動車のオイル交換専門

他の種類のサービスや
製品は他社に任せる。

②ニーズ・ベース・ポジショニング

特定の客層のニーズをすべて満たす

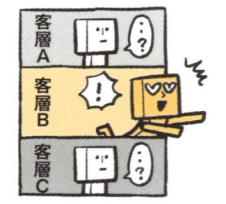

客層A
客層B
客層C

（例）家具のイケア
組み立て式でもよいから、価格が低いことに魅力を感じる
客層に対応。

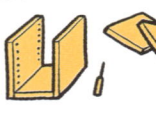

③アクセス・ベース・ポジショニング

物理的な環境に合わせて高い価値を
生むサービス、製品を目指す

価値
都市

価値
駅近

価値
郊外

（例）カーマイク・シネマズ
人口が20万人以下の都市で運営される映画館。
支配人が1人で運営できるのが特徴。

実践 特定のニーズやカテゴリーに絞り込むことは、他社との競合
を避けて自社に優位なビジネスを展開する基礎となる。

6

マイケル・E・ポーター

ポーターとバーニーの仁義なき戦い

Senryaku 7

企業の持つリソースが優れた戦略を決める

ジェイ・B・バーニー

Jay B.Barney

> 企業の戦略は、個々に持つ資源を元に決定せよ！

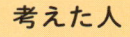

成立の経緯

『企業戦略論』は「企業戦略論分野の研究の要約と統合」を主な目標としている。また「機会」「脅威」などの概念から、企業の戦略はその外部環境によって選択肢（選ぶべき戦略）が異なると考える点にも特徴がある。

考えた人

ジェイ・B・バーニーは、1954年米国生まれ。エール大学で博士号を取得。ユタ大学などで教鞭を取る。企業が自己のユニークな資源を有効活用することで競争に勝てるとする、「経営資源を起点とする競争戦略」を提唱し、『企業戦略論』を著した。

内容

書籍『企業戦略論』は3巻の構成。基本編（上巻）に「戦略とは何か」「企業の強みと弱み」など、事業戦略編（中巻）に「垂直統合」「柔軟性」、全社戦略編（下巻）に、「戦略的提携」「多角化戦略」などの内容。

悩み

いくつも戦略があるけれど、
何を基準にして自社の戦略を選べばいいのか……。

答え

企業が持つ、固有で独自のリソースを最大限活用し、
他社にはマネが難しい要素がある戦略を選ぶべき!

この戦略のポイント

①他社にマネされないセオリー（成功法則）を持つ

「他の企業はほとんどまったくそのセオリーを知らないか、もしくはそのセオリーに基づいて完全に行動することができない場合、その企業は競争優位にある。」

②企業が持つ経営資源をベースに戦略を立てる

「リソース・ベースト・ビュー（resource-based view of firm. 経営資源に基づく企業観）と呼ばれるこのフレームワークは、企業ごとに異質で、複製に多額の費用がかかるリソース（経営資源）に着目する。そして、こうした経営資源を活用することによって、企業は競争優位が獲得できると考える。」

③「バリューチェーン」の分析で優位性を見つけ出す

「企業にとって競争優位を生じさせる可能性がある経営資源やケイパビリティを特定する方法の1つは、バリューチェーン分析を行うことである。（中略）これら垂直的に連鎖する事業活動の総体を、ある製品のバリューチェーンと言う。」

他社にマネされない
セオリー（成功法則）を持つ

競争優位を追求する。
競争優位の追求には2つの方法がある。

①自社だけが、セオリー（理論）を知っている

どうやって
成功しているの？

秘密〜♪

②そのセオリーがわかっても、他社がマネできない

泳げないから
木の実を取りに
行けない…

戦略とは「いかに成功するか」ということに関して、企業が持つ理論（セオリー）のことだよ

競争優位って、他社からマネられない「成功のセオリー」を言うんだね

②の場合も、得意なだけではダメ。「お金が儲かる」セオリーであることが大前提だよ

実践　成功法則を持つだけでなく、その法則を他社に使われないことが重要。

企業が持つ経営資源を ベースに戦略を立てる

自社の特徴を生かした 「リソース・ベース・ビュー」で考える。

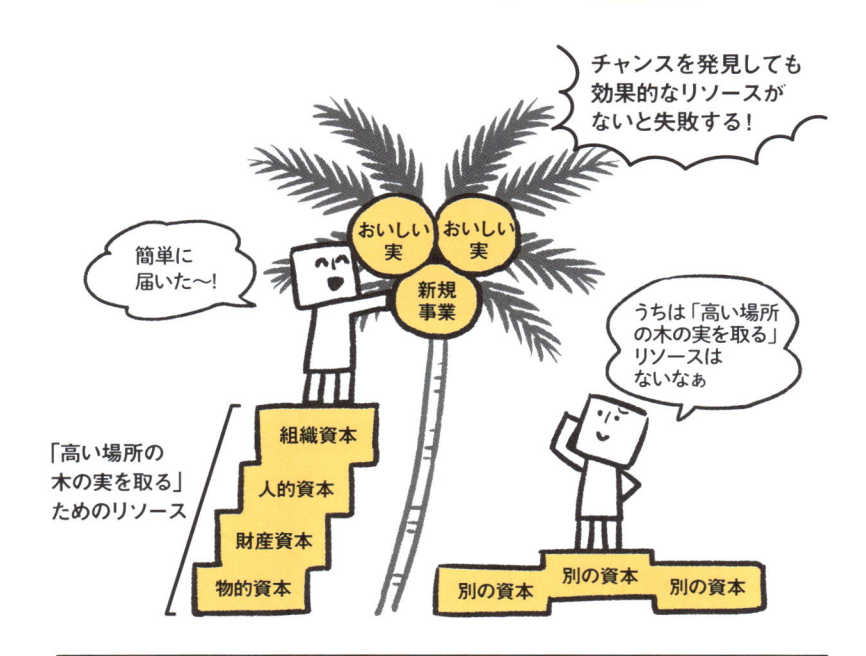

チャンスを発見しても
効果的なリソースが
ないと失敗する!

簡単に
届いた～!

おいしい
実

おいしい
実

新規
事業

うちは「高い場所
の木の実を取る」
リソースは
ないなぁ

「高い場所の
木の実を取る」
ためのリソース

組織資本

人的資本

財産資本

物的資本

別の資本 別の資本 別の資本

企業ごとに異質で、複製に多額の費用がかかる
自社独自のリソース(経営資源)に着目する。

他社にはない独自の経営資源を活用することで、競争に勝てる。

実践

「バリューチェーン」の分析 で優位性を見つけ出す

**全体の競争優位は、
連鎖的な付加価値（バリューチェーン）で決まる。**

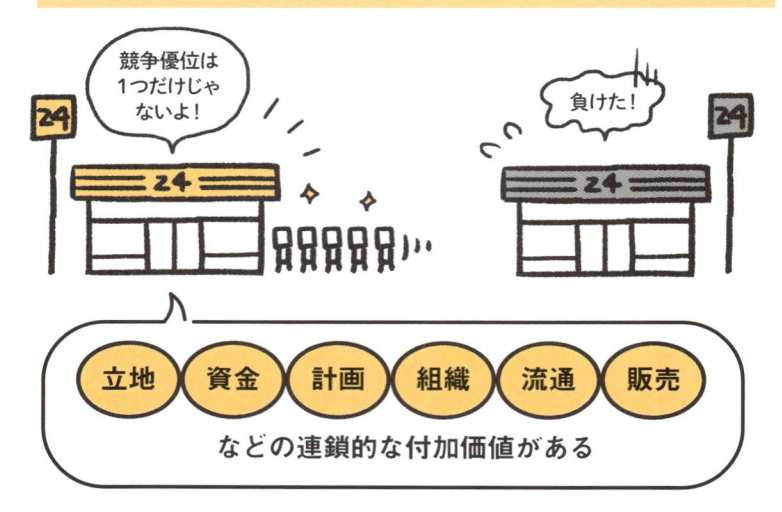

競争優位は
1つだけじゃ
ないよ！

負けた！

| 立地 | 資金 | 計画 | 組織 | 流通 | 販売 |

などの連鎖的な付加価値がある

コンビニの優位は
立地の選定や資金力
店内での
マーケティング
まで多様なんだ

だから「バリューチェーン
（付加価値連鎖）」の
分析が大切なんだね

実践 1つだけではなく、複数の付加価値を見出すことで、競合から抜きん出た企業になる。

郵 便 は が き

料金受取人払郵便

麹町局承認

1617

差出有効期間
2021年11月30日
まで

102 - 8790

226

東京都千代田区麹町4－1－4
西脇ビル

㈱かんき出版
　　読者カード係行

|‖|‖|‖·|‖·|‖·‖|‖·‖|‖·‖|‖·‖|‖·‖·‖·‖·‖·‖·‖|

フリガナ		性別　男・女
ご氏名		年齢　　　歳

フリガナ

ご住所　〒

　　　　　　　　　　　　　TEL　　　（　　　　）

メールアドレス

　　　　　　　　　□かんき出版のメールマガジンをうけとる

ご職業

　1. 会社員（管理職・営業職・技術職・事務職・その他）　2. 公務員
　3. 教育・研究者　4. 医療・福祉　5. 経営者　6. サービス業　7. 自営業
　8. 主婦　9. 自由業　10. 学生（小・中・高・大・その他）　11. その他

★ご記入いただいた情報は、企画の参考、商品情報の案内の目的にのみ使用するもので、他の目的で
使用することはありません。

★いただいたご感想は、弊社販促物に匿名で使用させていただくことがあります。　□許可しない

ご購読ありがとうございました。今後の出版企画の参考にさせていただきますので、ぜひご意見をお聞かせください。なお、ご返信いただいた方の中から、抽選で毎月5名様に図書カード（1000円分）を差し上げます。

サイトでも受付中です！　https://kanki-pub.co.jp/pages/kansou

書籍名

①本書を何でお知りになりましたか。

- 書店で見て　・知人のすすめ　・新聞広告（日経・読売・朝日・毎日・
  その他　　　　　　　　　　　　　　　　　　　　　　　　　）
- 雑誌記事・広告（掲載誌　　　　　　　　　　　　　　　　　）
- その他（　　　　　　　　　　　　　　　　　　　　　　　　）

②本書をお買い上げになった動機や、ご感想をお教え下さい。

③本書の著者で、他に読みたいテーマがありましたら、お教え下さい。

④最近読んでよかった本、定期購読している雑誌があれば、教えて下さい。

（

商品や市場よりも、組織のことを考えよ！

ビジョナリー・カンパニー
Visionary company

どんな時代でも、
継続できる
企業はある！

考えた人

ジェームズ・コリンズは1958年米国生まれ。スタンフォード大学で数学を学び、MBAを取得。マッキンゼー、ヒューレット・パッカードに勤務後、1994年に共著で『ビジョナリー・カンパニー』を出版。

内容

書籍『ビジョナリー・カンパニー』では、「時の試練を乗り越えた卓越した企業」をテーマにして、数ある優良企業と比較。「基本理念」「大胆な目標」「カルトのような文化」「大量の試行錯誤」など、自己刷新能力のある企業の姿が浮き彫りにされている。

成立の経緯

「真に卓越した企業と、それ以外の企業との違いはどこにあるのか」（はじめに）をテーマに膨大な企業比較から導き出された考察を述べた書籍。いかなる時代にも継続できる企業が、どんな共通点を持つかを解き明かした。

悩み

どうすれば時代の変化でも失速せずに、
永続する企業を創れるのか？

答え

企業を特別な究極の作品と従業員に意識させ、社
運を賭けた大胆な目標を定期的に計画すること!

この戦略のポイント

①会社こそ「究極の作品」と考える

「会社を究極の作品と見るのは、きわめて大きな発想の転換である。会社を築き、経営
しているのであれば、この発想の転換によって、時間の使い方が大きく変わる。製品ライ
ンや市場戦略について考える時間を減らし、組織の設計について考える時間を増やすべ
きなのだ。」

②「定期的な大目標」で組織を刺激する

「ビジョナリー・カンパニーは進歩を促す強力な仕組みとして、ときとして大胆な目標を掲
げる。このような目標を、わたしたちは社運を賭けた大胆な目標（Big Hairy Audacious
Goal）の頭文字をとって、BHAGと呼ぶことにした。」

②「特別な会社」にいるという高い意識を従業員が持つ

「何よりもまず、理念をしっかりさせ、従業員を教化し、病原菌を追い払い、残った従業
員にエリート組織の一員として大きな責任を負っているという感覚を持たせるべきである。」

会社こそ「究極の作品」と考える

**個別の商品ではなく、
会社を究極の作品と見る。**

ビジョナリ・ーカンパニー

優れた「商品」ではなく、
商品を作り続ける「会社そのもの」を見ている。

一般的な企業

個々の商品作りに意識が集中している。

個別の製品より、究極の作品として「会社を作る」目標を持つほうが、長期的な優位性を生み出すことができる。

「定期的な大目標」で組織を刺激する

**定期的に自分から
大きな挑戦を計画して実行する。**

ビジョナリー・カンパニー

成功しても定期的に社運をかけるほどの大きな目標を掲げる。

一般的な企業

１つの成功で慢心する。

実践 大胆な目標を自ら定期的に掲げることで、過去の成功を乗り越えて、結果的に新しい成長軌道に乗ることができる。

「特別な会社」にいるという 高い意識を従業員が持つ

特別な会社を目指し、「特別な会社にいる」と 従業員が信じる力が重要。

ビジョナリー・カンパニーの本質

「特別な会社の発明」を最優先する。
その点に努力するリーダーの組織だけが永続する。

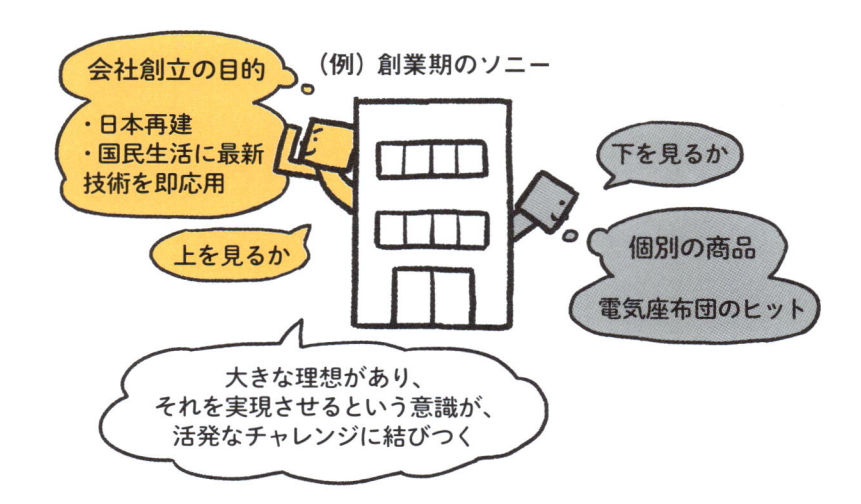

（例）創業期のソニー

会社創立の目的
・日本再建
・国民生活に最新技術を即応用

上を見るか

下を見るか

個別の商品

電気座布団のヒット

大きな理想があり、
それを実現させるという意識が、
活発なチャレンジに結びつく

実践

社員が特別な会社と考えるような理念を持ち、理想を追求する。特別な会社に所属する意識は、社員の創造性と努力を引き出す。

不振企業も、成長サイクルに乗れる戦略は
必ずある！

戦略プロフェッショナル
Strategy professional

理論を実践的に
使いこなし、
成果を上げよ！

成立の経緯

ビジネスでは、時間軸と競合状態で、強みも弱みに劣化する。そのサイクルにどう対処するかが重要だと本書は指摘している。タイトルの「戦略プロフェッショナル」とは、分析だけでなく、「掲げた目標を実践として成果にできる者こそが、本物のプロである」という指摘でもある。

考えた人

著者、三枝 匡 氏は、1944年生まれ。ボストン・コンサルティング・グループの日本国内採用第 1 号であり、スタンフォード大学 MBA 取得。複数の企業で経営者となった経歴を持ち、2002 年からミスミグループ代表取締役、2018年より同社本社のシニアチェアマン。

内容

書籍『戦略プロフェッショナル』は、全 6 章。1 章「飛び立つ決意」、2 章「パラシュート降下」、3 章「決断と行動の時」、4 章「飛躍への妙案」、5 章「本陣を直撃せよ」、6 章「戦いに勝つ」。そのほか、「戦略ノート」として解説がある。

悩み

競合がいるうえに、強みも時間が経てば劣化していく市場……。
いったい何を軸に戦えばいいの？

答え

「市場ポジション」「ライフサイクル」「競合状態」の
3つを分析することで、最適な打ち手が見えてくる!

この戦略のポイント

①「競合状態」と「時間軸」から打つべき対策は見える

「どんなやり方で競合ポジションの仮説を立てればよいのだろうか。（中略）私はそのようなイメージをつかむために、いつも二つのチャートを頭の中に描いてみる。」

②「価格決め」は、勝利への重要課題

「コスト一円でも、相手にメリットがあれば一万円でも売れる。コスト一万円でも、相手にメリットがなければ一円でも引き取ってくれない。」

③営業攻勢は「セグメント」で勝つ

「競合企業の気づかぬうちに、新しいセグメンテーションを創り出す企業が勝ちを収める。」
「セグメンテーションはリーダーシップを発揮するための強力な道具になる。なぜなら、セグメンテーションは、社内のエネルギーを「絞り」「集中」するガイドラインとなるし、社内コミュニケーションの強力な武器になる。」

「競合状態」と「時間軸」から打つべき対策は見える

有効な打ち手は「プロダクト・ライフサイクル」で変わってくる。

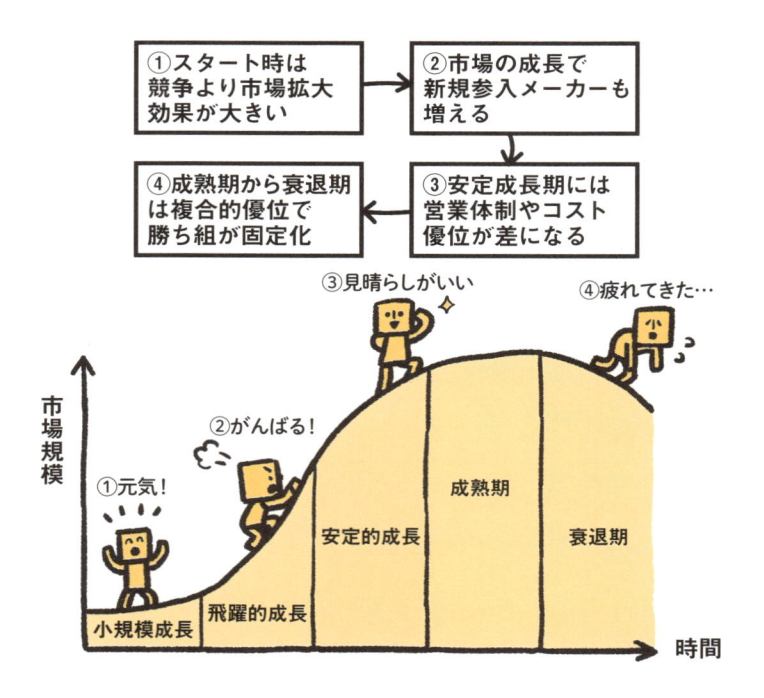

①スタート時は競争より市場拡大効果が大きい → ②市場の成長で新規参入メーカーも増える

④成熟期から衰退期は複合的優位で勝ち組が固定化 ← ③安定成長期には営業体制やコスト優位が差になる

①元気！
②がんばる！
③見晴らしがいい
④疲れてきた…

市場規模

小規模成長　飛躍的成長　安定的成長　成熟期　衰退期

時間

実践 目の前の風景だけでなく、効果的なフレームを使い、俯瞰的に現状をつかむことで、ベストの方法を選ぶ。

「価格決め」は勝利への重要課題

「価格決め」とは
客のロジックを読み解くゲーム。

コスト1円でも買い手のメリットが明確なので売れる

コスト1円

メリットが大きいからほしい！

企業A

価格 1万円

コスト1万円でも買い手にメリットが伝わらないと1円でも売れない

コスト1万円

メリットがないからいらないよ…

企業B

価格 1円

客に「メリット」があれば、コストが低くても、
高価でも売れる！

「コストが低かったから、売り値を安くする」という視点ではなく、徹底して「お客のメリット」を探ることが重要。

実践

営業攻勢は「セグメント」で勝つ

市場を効果的にセグメント（分類）する。

ステップ1

製品への興味、ニーズの強さ

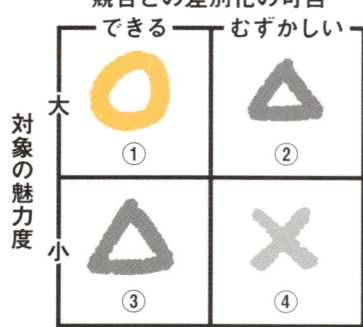

売り込みに成功した場合の当方のメリット

	強	弱
大	①	②
小	③	④

対象属性による魅力度セグメンテーション

「①ニーズが強く、メリットが大きい」の戦略に最大の集中を行う！

ステップ2

競合との差別化の可否

対象の魅力度

	できる	むずかしい
大	①	②
小	③	④

競合状態を加味した最終セグメンテーション

「①魅力的かつ差別化できる」の戦略に最大の集中を行う！

実践 市場を「重要」や「ニーズ」ごとに細かく分類していけば、自ずと「営業すべきポイント」の答えは出てくるはず。

個人でも独自の
リソースは大事
だよね

Senryaku

第**3**章

競争を避ける
競争戦略

相手と優位さを競う競争であっても、

自分が疲弊してしまっては、

資産は減り、体力も奪われてしまいます。

「直接的にぶつかることを避け、

体力を温存しながら勝つ戦略」を

中心に紹介します。

Senryaku

10

物量の法則を逆手に取り、
弱者が逆転できる道を選ぶ

ランチェスターの法則
Lanchester's laws

> 兵力の少ない
> 弱者から
> 攻撃せよ!

成立の経緯

ランチェスターの法則は、もともと軍事戦略の1つであり、創始者の時代のイギリスから、対日戦争でのアメリカ軍の研究チームなどでも利用された。日本国内では、1962年に田岡信夫氏が販売戦略としてランチェスターの法則を紹介し、現在では広く企業経営に活用されている。

考えた人

フレデリック・ランチェスターは1868年イギリス生まれ。技術専門学校を卒業後、自動車の製造販売で独立。事業を売却後は、1914年に発表した集中の法則が「ランチェスターの法則」として有名になる。

内容

第1法則と第2法則の2つの理論から成り立つ。第1法則は個対個の戦いで、「一騎討ちの法則」、第2法則は集団対集団の戦いで、「集中効果の法則」などと呼ばれている。第1法則は弱者の戦略の基本、第2法則は強者の戦略の基本となる。

HIS会長兼社長、
ハウステンボス
前社長
澤田秀雄氏

私たちも
ファンです

悩み

勢力が小さい弱者は、どのように戦えば強者に勝てるのか？
相手に潰されずに生き残るには、どうすればいいのか……。

答え

大手と全面競争することを避け、局所的にナンバーワン
になるべき！ 大手のよい面はどんどんマネしながら、
自分より弱い相手に絞って攻撃する。

この戦略のポイント

①勢力に応じて「2つの戦い方」をする

「「弱者の戦略」というのは、地域を基礎にしてその目標を商品に向けて戦略を立案していく方法になっている（中略）。弱者というのは、まず地域に拠点をつくる。これがまず弱者の戦略の基本である。」

②「3つのナンバーワン」を目指す

「強者の戦略というのは、商品のナンバー・ワンを基礎にして目標としての地域管理に向けて戦略を立案する（中略）。占拠率の高い地域において強者の立場にある場合は、こうした強い商品を次から次へと投入しないことにはその占拠率を維持できない。」

③経営戦略としての「弱い者いじめ」

「マーケティングの内容のものは、マーケティングにおける「アイデア性領域」であるから堂々と上位の良いアイデアに挑戦する必要がある。しかし、どこの地域を回るとか、攻撃目標としてどの地域を押さえるとかいったような課題は、これはほとんどルールできまる問題であるから、あくまでも弱い者いじめの法則に徹すべしということに外ならない。」

勢力に応じて「2つの戦い方」をする

兵力の多さで
ランチェスターの「2つの法則」を使い分ける。

第1法則
一騎打ちの法則

4名を2つの弾丸が襲う
（＝2分の1）

第2法則
集中効果の法則

2名を4つの弾丸が襲う
（＝2倍）

5名対3名の場合
多いほうが2名残る

兵力が少ないときは、
こちらの戦略にすべき

4名対2名
兵力差の2乗⇒
つまり4倍の差になる

兵力が多いときは
こちらの戦略が有利

実践 2つの法則から、少数側は一対一の対応が有利で、多数派は集団対集団の戦いにするほうが有利になる。

「3つのナンバーワン」を目指す

「ランチェスターの法則」を
経営へ応用する。

① ナンバーワンの地域を作る	② ナンバーワンの得意先を作る	③ ナンバーワンの商品を作る
このエリアでナンバーワン！	このお客さまのシェアナンバーワン！	若者に人気の商品ナンバーワン！

市場の増加や売上の伸びに対して「3つのナンバーワン」は
ほかよりも高い伸び率という恩恵を得られる。

実践

すべてに平凡だと下剋上、つまり逆転勝利できない。3つの
ナンバーワンのいずれかを意図的に狙うことが大切。

経営戦略としての
「弱い者いじめ」

「競争目標」と「攻撃目標」を
明確に区別せよ!

上位企業の
よいところを
どんどんマネる

不利なので
大手とは
対立しない

攻撃する相手は
必ず「自社より
下位の弱者」

大手企業

自社

自社より
小さい企業

ランチェスターの法則が示す市場占拠拡大の法則は
「常に弱者に攻撃をかけること」が結論

実践

自分より弱者に攻撃を仕掛けるのは、ランチェスター戦略の
基本であり、常に戦いの結果を有利にしてくれる。

Column

吾輩はランチェスターである。

11

成熟して競争ばかりが激しくなる市場を離れて、
新たに発想せよ！

ブルー・オーシャン戦略

Blue ocean strategy

> 未知の市場を
> 創れば、
> 斜陽産業でも
> 成長できる！

成立の経緯

さまざまな産業が成熟すると、競争の激化とともにマーケットを新たに獲得することが難しくなる。この問題を解決するため、「新しいマーケット・スペース」＝「ブルー・オーシャン戦略」の概念が生み出された。

考えた人

著者のチャン・キムとレネ・モボルニュはともに、フランス INSEAD の教授。2005 年、『ブルー・オーシャン戦略』を出版した 2 人は、2013 年に Thinkers50 で第 2 位に選出された。

内容

書籍『ブルー・オーシャン戦略』は、「ブルー・オーシャン戦略とは」「ブルー・オーシャン戦略を策定する」「ブルー・オーシャン戦略を実行する」の大きく 3 部に分かれる。同書は実行へのフレームワークを含み、実践的な内容の戦略書となっている。2015 年には新版を刊行。第 9 章を大幅改訂し、第 10 章、11 章を新たに加えた。

悩み

競争の激しい市場で消耗するばかり……。
どこにチャンスがあるのか？

答え

「取り除く」「増やす」「減らす」「付け加える」の4つの変化を製品・サービスにもたらすことで、既存顧客とは違う消費者を惹きつけることができる!

この戦略のポイント

①新たな消費者を呼び寄せる市場を見つける

「レッド・オーシャンは今日の産業すべてを表す。つまり、既知の市場空間である。かたやブルー・オーシャンとは、いまはまだ生まれていない市場、未知の市場空間すべてをさす。」

②「4つのアクション」を大胆に取り入れる

「(熟成させずに出荷する大胆な方針で) イエローテイルはこうした素朴でフルーティな甘さを実現する一方で、高級ワインとデイリーワインが長らく競争のポイントと位置づけてきたタンニン、オーク、深み、熟成といった要素を思いきって削った。」

③優れた戦略に共通する「3つの差別化」

「優れたブルー・オーシャン戦略の価値曲線には、①メリハリ、②高い独自性、③訴求力のあるキャッチフレーズ、という三つの特徴がある。こうした特徴に欠けた戦略は、月並みでパンチが弱く、伝えにくいうえ、高コストである。」

新たな消費者を呼び寄せる市場を見つける

競争過多の市場「レッドオーシャン」と新しい市場「ブルーオーシャン」。

毎年魚が減るよ

大漁だ！
新しい成長力を
手にしたぞ！

レッドオーシャン

競争が激しく、
利益が少ない。

ブルーオーシャン

新たな消費者を
これまでと違う形で
呼び寄せ、形成する市場。

実践 ブルーオーシャンとは、競争が少ない市場の意味だが、それは市場発見と市場創造の2つの側面を持つ戦略である。

「4つのアクション」を大胆に取り入れる

4つの変化を大胆に取り入れることで、新たな消費者を自社の顧客にする。

シルク・ドゥ・ソレイユ

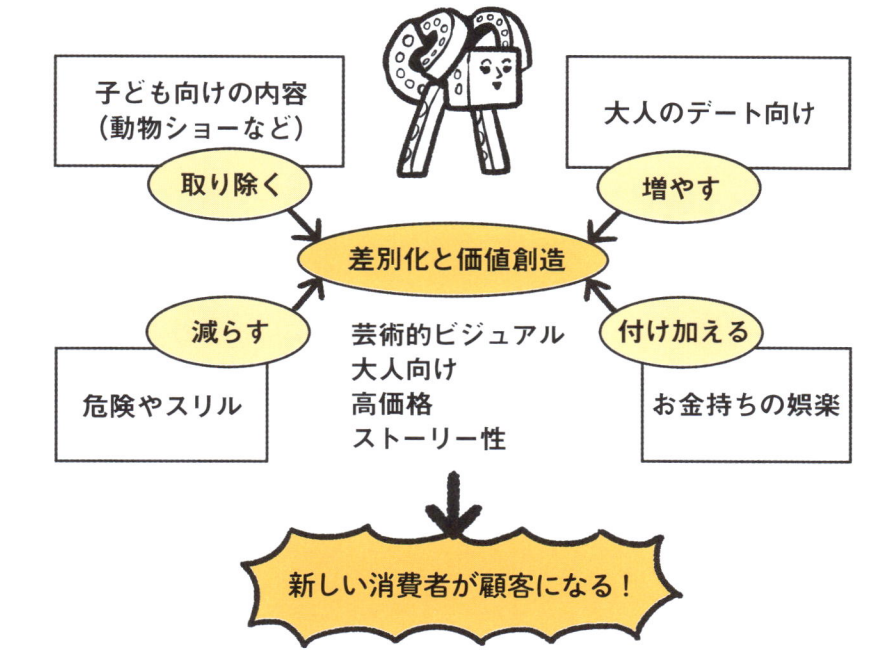

子ども向けの内容
（動物ショーなど）

取り除く

大人のデート向け

増やす

差別化と価値創造

減らす

芸術的ビジュアル
大人向け
高価格
ストーリー性

付け加える

危険やスリル

お金持ちの娯楽

新しい消費者が顧客になる！

シルク・ドゥ・ソレイユは、サーカスの市場に「大人を呼び込んだ」。新たな消費者を呼びこんで、競争のない市場を創ったのである。

実践

優れた戦略に共通する「3つの差別化」

優れたブルー・オーシャン戦略には「3つの特徴」がある。

極端に
大きく！

極端に
小さく…

① メリハリ

No.1

② 高い独自性

③ 訴求力のある
キャッチフレーズ

３つの特徴が欠けた戦略は
月並みでパンチが弱く伝わらず、高コストになる。

実践　3つの特徴は、原因ではなく結果であるが、思い切った大胆さを発揮して、これまでと違う顧客を自社に誘導すべきである。

ユニークな魅力を打ち出すため、5つに焦点を絞る！

ファイブ・ウェイ・ポジショニング戦略

Five-way positioning strategy

考えた人

フレッド・クロフォードは、フランスを本拠とする世界的コンサルティング会社 **CGEY** の副社長。共著者のライアン・マシューズはデトロイトに住む未来学者。

内容

書籍『ファイブ・ウェイ・ポジショニング戦略』は、5つの要素「価格」「サービス」「アクセス」「商品」「経験価値」を、事例を元に分析・解説している。全10章。各要素で「いかに差別化をするか」を中心に論じている。星野リゾート社長の星野佳路氏が監修、まえがきとあとがきを同氏が書いている。

5つの要素に絞り込め！

成立の経緯

本書の手法は3年間の調査から導き出されたとされる。消費者も企業があらゆる面で一流であることを期待せず、「自分の求めるバランスに対して」ナンバーワンの企業を選ぶ。すべてで最高を目指す企業の誤解は、焦点を失なわせると警告している。

星野リゾート社長
星野佳路氏

私たちも
ファンです

悩み

類似の製品やサービスがあふれ返っている現代。
差別化なんてできるの？

答え

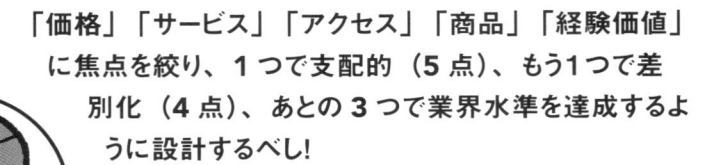

「価格」「サービス」「アクセス」「商品」「経験価値」に焦点を絞り、1つで支配的（5点）、もう1つで差別化（4点）、あとの3つで業界水準を達成するように設計するべし!

この戦略のポイント

①5つに絞った上でメリハリのある差別化を狙う

「コモディティ化と資源の有限性という経営課題を解決し、競争優位に立つための理想のスコアは、5・4・3・3・3なのだ。」

②「みんな同じ」に陥らない戦略

ファイブ・ウェイ・ポジショニング戦略には、コモディティ化に陥らないメリットと、限られた経営資源で選択と集中ができる2つのメリットがある。

③「心理的アクセス」も意識する

要素の1つ「アクセス」について。現代では物理的アクセスと心理的アクセスの2つの分類があると考えるべき。

5つに絞った上で
メリハリのある差別化を狙う

5つの要素で効果的に
戦略優位を実現する。

すべてのビジネスに関わる5つの要素

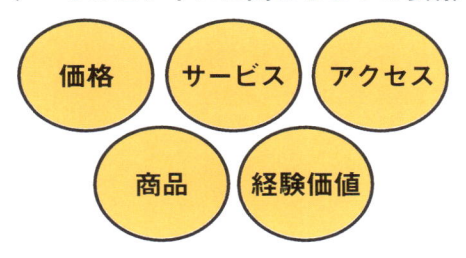

（価格）（サービス）（アクセス）

（商品）（経験価値）

1つで市場支配（5点）を、
別の1つで差別化（4点）を、
残りの3つで業界水準を達成する

なぜ5つ全部で
5点を狙わないの？

1つの企業がすべてに
秀でるのは不可能で、
わかりにくくなるからさ

独自性を絞り込むことで、焦点をはっきりさせることができる。
何でも屋になることは、他社と同じになることである。

実践

「みんな同じ」に陥らない
戦略

ファイブ・ウェイ・ポジショニング戦略には、
2つの大きなメリットがある。

星野リゾート社長
星野佳路氏

1つめのポイントは
コモディティ化に
陥らないための
法則であること

2つめは
限られた経営資源
で選択と集中を
可能にすること

花畑A

あらゆる面で秀でようと
すると、かえって明確な
差別化ができなくなる

花畑B

5つの要素に絞り、かつ3つは
「業界の平均」という割り切りが
大胆な特徴を浮き上がらせる

実践

この戦略は、コモディティ化に陥っていない（=代替ができない）企業の共通点から生まれた。差別化の成功には、不要な部分を思い切って諦めるべきである。

「心理的アクセス」も意識する

現代のアクセスには2つの力学、
「物理的アクセス」と「心理的アクセス」がある。

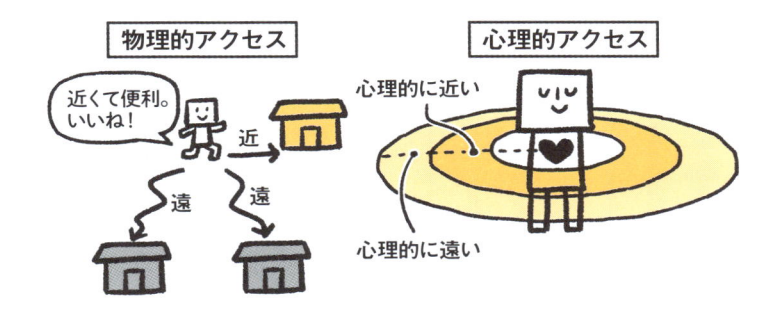

物理的アクセス

近くて便利。いいね！

近

遠　遠

心理的アクセス

心理的に近い

心理的に遠い

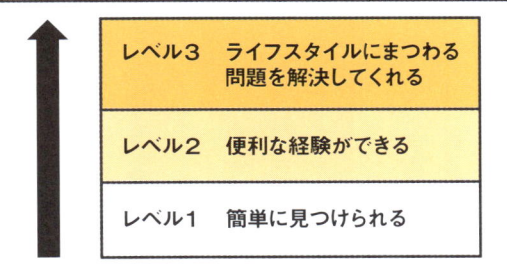

心理的な枠やコミュニティ感覚も、心理的アクセスになる

レベル3	ライフスタイルにまつわる問題を解決してくれる
レベル2	便利な経験ができる
レベル1	簡単に見つけられる

実践

インターネットの時代には、物理的なアクセスだけでなく、心理的なアクセスも消費者を惹きつける魅力になる。

高い収益性は、競争しないことで得られる

競争しない競争戦略
Non-competitive competitive strategy

リーダー企業と違う形で
市場を設定して、
同時に参入障壁を作れ！

考えた人

山田英夫氏は、三菱総合研究所に勤務後、大手企業の社外監査役などを歴任。現在は、早稲田大学ビジネススクールの教授として、『競争しない競争戦略』以外にも、ビジネス戦略に関する多数の著作を持つ。

成立の経緯

数多くの企業が競争する市場では、同質的な競争でお互いが疲弊する。日本国内での競争の激しさ、グローバルでは新興国企業によるコスト競争なども、利益率の低下に結びつく。この状況を脱するため、「競争しないことによる利益」の獲得を本書は提唱している。

内容

書籍『競争しない競争戦略』は、4つの章と終章の全5章からなる。第1章「競争しない競争戦略」、第2章「ニッチ戦略」、第3章「不協和戦略」、第4章「協調戦略」、終章「薄利の奪い合いからの脱却」。

悩み

競争が過剰なうえに、大手企業が同質化を仕掛けてくる……。
どうやったら利益を上げられる？

答え

大企業と競争しないためには「棲み分け」か「共生」
が必要！　そのための3つの戦略が「ニッチ戦略」
「不協和戦略」「協調戦略」だ!

この戦略のポイント

①「マネされない」戦略を自社から仕掛ける

「「競争しない」ためには、業界のリーダー企業と「棲み分ける」か「共生すること」が
必要である。その具体的な方法として、①ニッチ戦略、②不協和（ジレンマ）戦略、
③協調戦略の3つを挙げ、」

②「量」か「質」で差別化する

「ニッチ企業は、参入障壁を高める質的コントロールと、市場規模の量的コントロールの
2つが武器となる。」

②相手の武器を「弱み」に変えてしまう

「不協和戦略は、「資源を持っていない」ことを強みとして、リーダーと戦わない戦略である。」P146。「協調戦略は、バリューチェーンの一部の機能に特化して、競争しない
戦略を構築するものである。」

「マネされない」戦略を
自社から仕掛ける

<u>大手やリーダー企業が</u>
<u>マネできない状況を作る。</u>

競争しない競争戦略の2つの方向性と3つの戦略分類

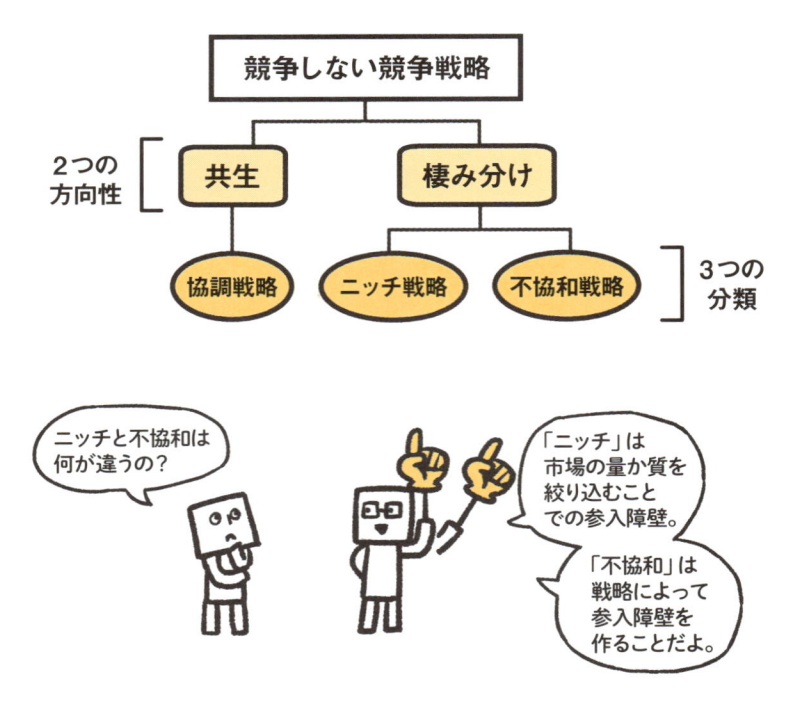

実践 競争しないことは、参入障壁が自然にできる道を選ぶか、パートナーつまり仲間になる道を選ぶこと。競争に直面しないこと自体がすでに有利なのである。

この戦略の
POINT2

「量」か「質」で差別化する

ニッチ戦略の基本は市場の2つの軸にある。

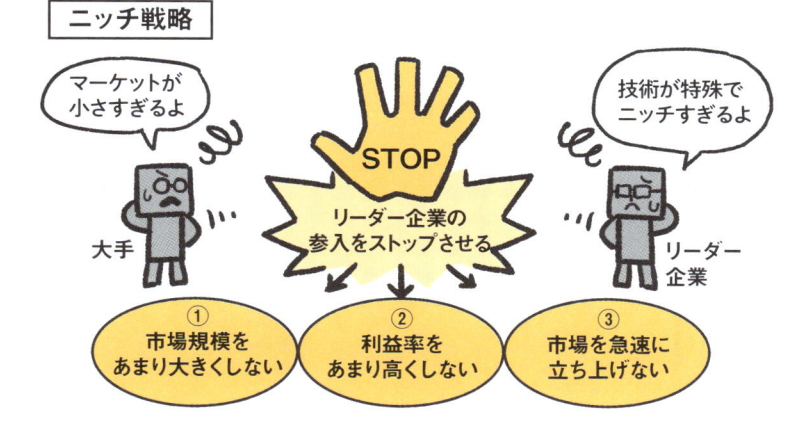

ニッチ戦略

マーケットが
小さすぎるよ

大手

STOP

リーダー企業の
参入をストップさせる

技術が特殊で
ニッチすぎるよ

リーダー
企業

① 市場規模を
あまり大きくしない

② 利益率を
あまり高くしない

③ 市場を急速に
立ち上げない

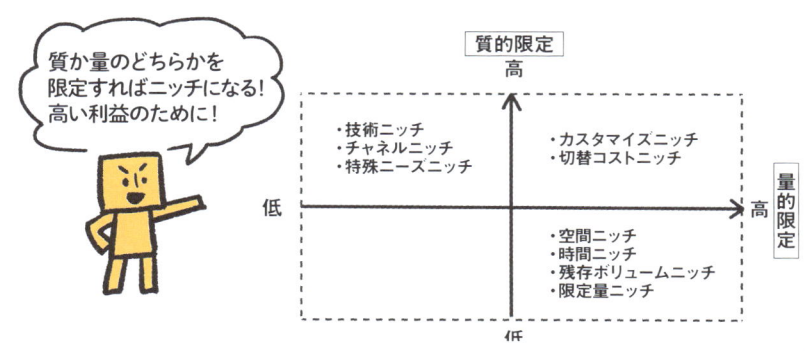

質か量のどちらかを
限定すればニッチになる!
高い利益のために!

質的限定
高

・技術ニッチ
・チャネルニッチ
・特殊ニーズニッチ

・カスタマイズニッチ
・切替コストニッチ

量的限定

低　　　　　　　　　　　　　　　　高

・空間ニッチ
・時間ニッチ
・残存ボリュームニッチ
・限定量ニッチ

低

質に特徴を持つか、量で絞り込むか。自社にとっては有利で
も、他社にはうまみのない市場を形成することがポイント。

実践

相手の武器を
「弱み」に変えてしまう

**大手の強みを弱点にする「不協和戦略」と
大手と足並みをそろえる「協調戦略」。**

不協和戦略 | 資産が多い大手にはできないことをする。

リーダー企業

これを持った
ままでは、新しい
マーケットに
入れない!

これまでの資源・戦略

STOP

独自の
マーケットと
参入障壁

これまでの大手の
強みや資源を
負債に変える発想

協調戦略 | バリューチェーンの中に入って、
大手と共存共栄を狙う。

僕も仲間に入れてよ!
役に立つからね

消費者への
価値提供

実践 | 不協和とは、相手の資産が参入の邪魔になるビジネスを立ち
上げることであり、協調とは共存共栄を狙うことである。

経営戦略の基本は
「差別化」よ！

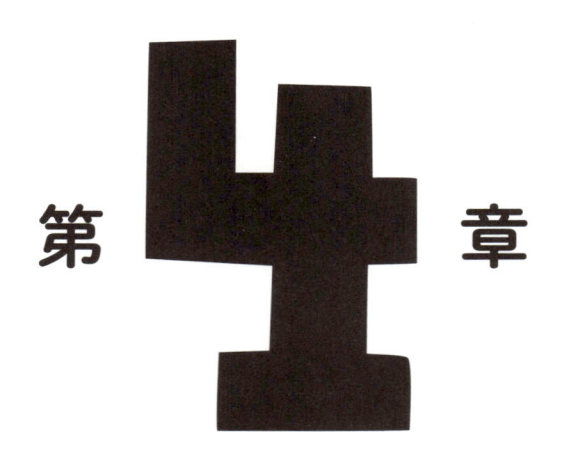

第4章

産業構造
の
戦略

経済が発展していくにつれ、
戦略が生かされる場は
「戦場」から「企業」に移り変わってきました。
ここでは、
「モノ作りに寄与した産業の戦略」を
紹介します。

Senryaku

14

多品種&少量でも、低コストの生産方式を発明

トヨタ生産方式

Toyota production system

種類が多く少量でも、低コストで生産できる！

成立の経緯

作る量が増加することでコストが下がるアメリカ式の生産方式への疑問が、トヨタ独自の生産理念へとつながった。特に、**1970年代**のオイルショックで、同じものが大量に売れない時代に突入したことが、多品種を少量生産する、売れた分だけ作りながらコストを同時に下げるトヨタ生産方式の優位を決定した。

考えた人

大野耐一氏は、明治45年（1912年）中国大連に生まれる。豊田紡織に入社後、1943年にトヨタ自動車に転籍。「ジャストインタイム」の理念から、トヨタ生産方式を体系化する。現在まで続くトヨタ自動車の生産理念を確立した。

内容

書籍『トヨタ生産方式』は全5章。第1章「ニーズからの出発」から始まり、第5章「低成長時代を生き抜く」で終わる。書籍の中で、創始者・豊田佐吉氏への敬意と、トヨタ生産方式が新たな生産方法の「発明」であることが強く示唆されている。

悩み

単一の品種を大量生産ではなく、
多品種を少量生産……。
こんな状態でもコスト削減できるの？

答え

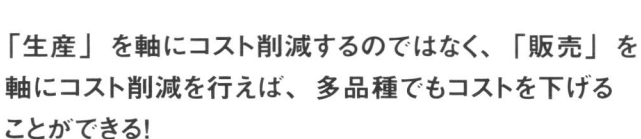

「生産」を軸にコスト削減するのではなく、「販売」を
軸にコスト削減を行えば、多品種でもコストを下げる
ことができる!

この戦略のポイント

①「売れた分だけ生産する」斬新さ

「組付けに必要な部品が、必要なときにそのつど、必要なだけ、生産ラインのわきに到着
するということである。」

②余剰在庫をゼロに近づける「カンバン方式」

「多すぎる人・過剰な在庫・過剰な設備である。人も設備も材料も製品も、必要以上に
あるものは、原価だけを高めているにちがいない。」

③「製品」の発明から「生産方式の発明」に目標をシフトする

「その最大の成果は何かといえば、私は佐吉翁の悲願ともいうべき「日本人の絶対の力
のみを以て一大発明を遂げる」ことであり、それを立派に成就したことではなかったかと
思う。」

「売れた分だけ生産する」
斬新さ

トヨタが行った、アメリカ式と真逆のコスト削減思想。

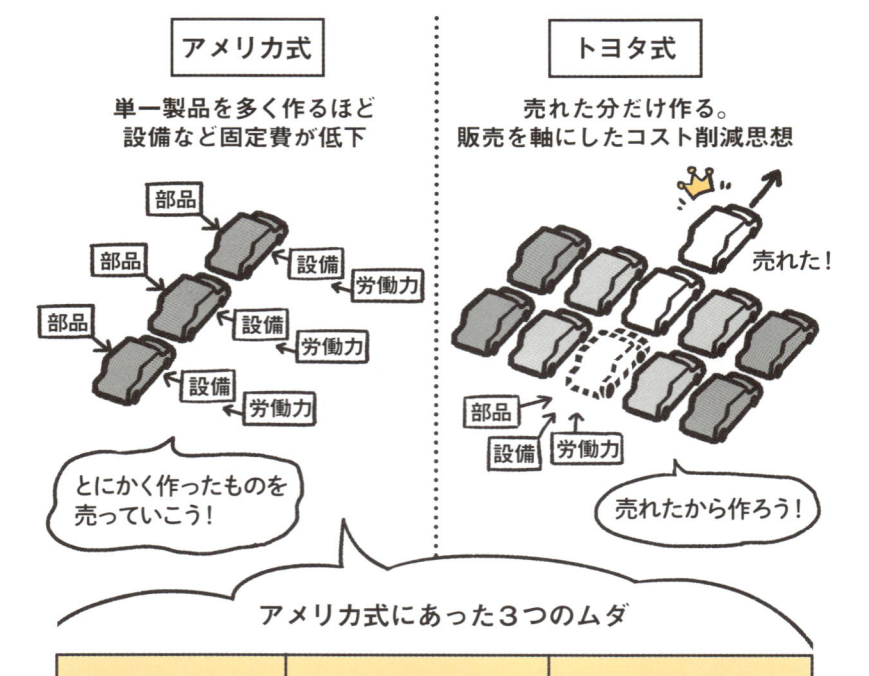

アメリカ式

単一製品を多く作るほど
設備など固定費が低下

部品
部品
部品
設備 ←労働力
設備 ←労働力
設備 ←労働力

とにかく作ったものを
売っていこう！

トヨタ式

売れた分だけ作る。
販売を軸にしたコスト削減思想

売れた！

部品
設備 労働力

売れたから作ろう！

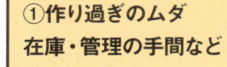

アメリカ式にあった３つのムダ

①作り過ぎのムダ 在庫・管理の手間など	②人を減らせないムダ 減産でも人を減らせない	③多品種になると コストが増大してしまう

実践 製造視点のコスト削減ではなく、販売視点のコスト削減が画期的。同様に、これまでと違う範囲でコスト削減を考えてみるべき。

この戦略の
POINT2

余剰在庫をゼロに近づける「カンバン方式」

前もって部品を作らないで、後工程が必要な量の部品の生産を指示する新しい生産方法。

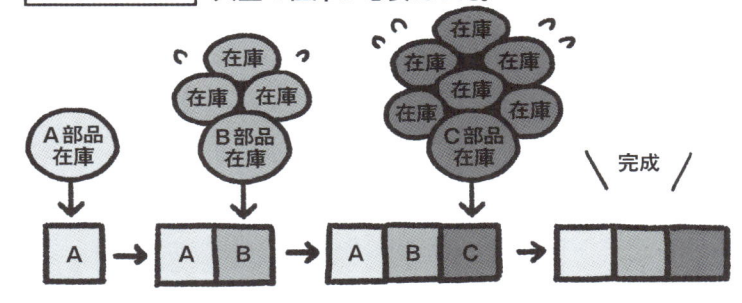

アメリカ式 ／ 古いアメリカ式は、前工程を起点にするため、大量の在庫が必要だった。

在庫

A部品在庫

B部品在庫

C部品在庫

完成

A → A B → A B C → □

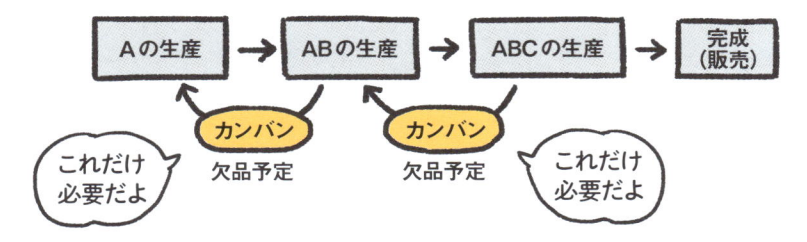

トヨタ式 ／ 「カンバン方式」は後工程が必要な部品を知らせるため、在庫は必要最低限でOK。

Aの生産 → ABの生産 → ABCの生産 → 完成（販売）

カンバン　欠品予定

カンバン　欠品予定

これだけ必要だよ

これだけ必要だよ

使われた分がカンバンで正確にわかり、その分だけ部品を製造する。余剰在庫をゼロに近づける視点の発明である。

実践

「製品」から「生産方式の発明」に目標をシフトする

生産方式の発明で世界企業になったトヨタ自動車。

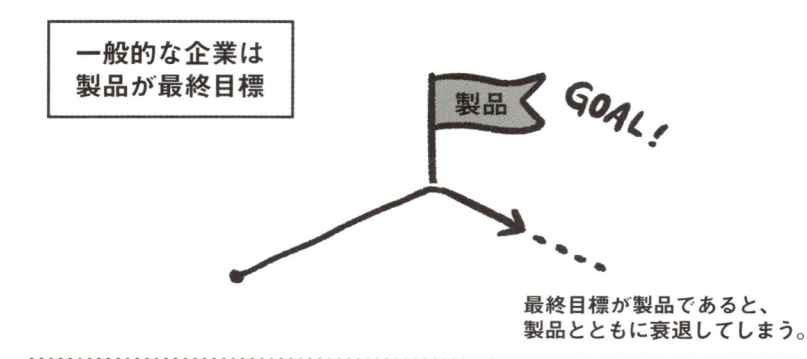

一般的な企業は
製品が最終目標

製品 GOAL!

最終目標が製品であると、
製品とともに衰退してしまう。

トヨタの力 個別製品にではなく、生産方式の発明と
その思想により世界企業となった。

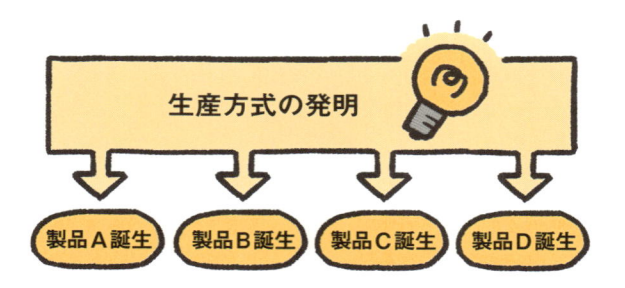

生産方式の発明

製品A誕生　製品B誕生　製品C誕生　製品D誕生

実践 製品や技術の発明ではなく、生産方式という根源的な発明
だった。より根源的な発明をするほど、優位性は長期かつ大
きくなる。

発明家でイノベーター佐吉の夢

豊田佐吉は会社の代表を辞め傷心旅行に渡米していた。

いいことねえかな～

ニューヨークにやってきた佐吉を待ち受けていたのは——

すげえええ！！

やる気を取り戻した佐吉……

やったるでー！！

帰国後は紡績会社を興し大成功。

糸は儲かるな。

「自動車の夢」は息子喜一郎が継ぎ成功を収めるが、

生産方式

世界のTOYOTA

「イノベーションの種」は佐吉がまいていたのだ！

大きゅうなれよ～

※豊田佐吉……トヨタグループの創始者。自動織機など数多くの発明品を残した発明家でもある。

暗号技術が世界を変える！

ブロックチェーン・レボリューション

Blockchain revolution

企業や中央を
介さずに、
個人で直接やり取りを
する時代がやってきた！

考えた人

ドン・タブスコットとアレックス・タブスコットは親子。ドンはトロント大学のプロジェクトを率いており、投資銀行に勤めていた息子のアレックスも金融におけるブロックチェーンの影響力を研究していたことから、『ブロックチェーン・レボリューション』が共同執筆された。

成立の経緯

サトシ・ナカモトが発表した論文から、ビットコインとブロックチェーン技術が世界中の注目を集めた。その技術が秘める巨大な可能性と、世界をどのように変えるかについて、本書は幅広く論じている。

内容

書籍『ブロックチェーン・レボリューション』は、全11章。1章「信頼のプロトコル」、2章「未来への果敢な挑戦」、3章「金融を再起動する」、4章「企業を再設計する」、9章「僕らの音楽を取り戻せ」など。

悩み

中央集権的なプラットフォームを超えるビジネスモデルは
もはや出現しない……?

答え

ブロックチェーン技術によって、旧来のプラットフォーム型ビジネスは、完全に駆逐される可能性が出てきた!

この戦略のポイント

①巨大企業や中央を通さない取引が始まった

「オンラインでの支払いには二重使用の問題がつきまとう」「ブロックチェーンには全体を管理する中心が存在しない。」「タクシー運転手の仕事を奪うのではなく、Uber をなくして運転手が直接仕事をとれるようにするんです。」

②世界中で新しいビジネスを生み出す新技術

「高度なセキュリティが組み込まれているからこそ、当事者間の直接送金という革新的な機能が実現できたのだ。」「これまでのインターネットではクリエイターに適切な対価が支払われないことが多かった。」

③「真のシェアリングサービス」が可能になる

「ユーザー同士が直接やりとりするので、必要経費の売上はすべて貸し手のものになる。中央集権的でない、本当の意味でのシェアリング・エコノミーが実現するはずだ。」

巨大企業や中央を 通さない取引が始まった

ブロックチェーンとは、 ネット上の分散台帳技術。

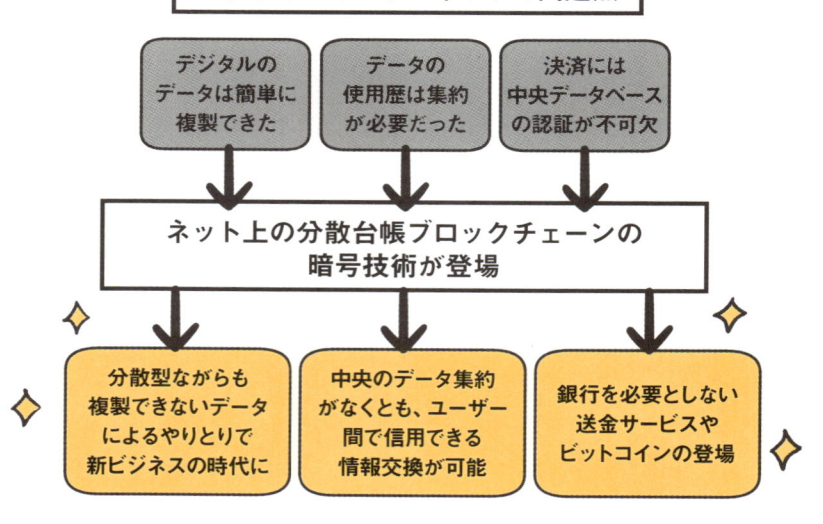

これまでのインターネットの問題点

デジタルの データは簡単に 複製できた	データの 使用歴は集約 が必要だった	決済には 中央データベース の認証が不可欠

ネット上の分散台帳ブロックチェーンの 暗号技術が登場

分散型ながらも 複製できないデータ によるやりとりで 新ビジネスの時代に	中央のデータ集約 がなくとも、ユーザー 間で信用できる 情報交換が可能	銀行を必要としない 送金サービスや ビットコインの登場

力のない個人にも大きなビジネスチャンスが 得られる時代になってきた。

実践 ブロックチェーンはネット台帳として機能するため、中央の集
約を必要としない。この技術はまったく新しいビジネスチャン
スを世界中に出現させる。

世界中で新しいビジネスを生み出す新技術

ネットワークの改革で新ビジネスを次々に生み出す。

これまでのネットワーク 取引するだけで手数料が大きな負担となっていた。

送金主 → 送金データ → 大きな手数料 → 中央集約データ → 大きな手数料 → 認証後の送金 → 受取主

ブロックチェーンのしくみ 手数料が少ないので、受取主の取り分も増える。

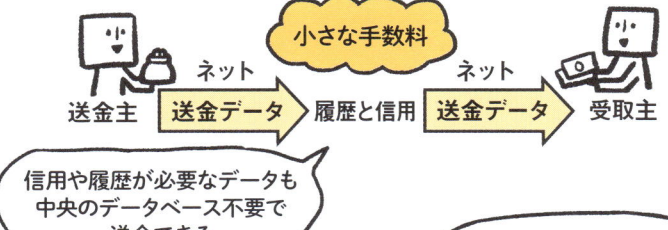

送金主 → ネット 送金データ → 小さな手数料 → 履歴と信用 → ネット 送金データ → 受取主

信用や履歴が必要なデータも中央のデータベース不要で送金できる

音楽家などのクリエイターが自分で権利を管理したり、格安の送金サービスが可能に!

高度なセキュリティ技術で直接送金が可能になり、クリエイターなどにも適切な対価が支払われるようになっていく。

実践

「真のシェアリングサービス」が可能になる

中央を一切介さない
「真のシェアリングエコノミー」が登場する未来が来る。

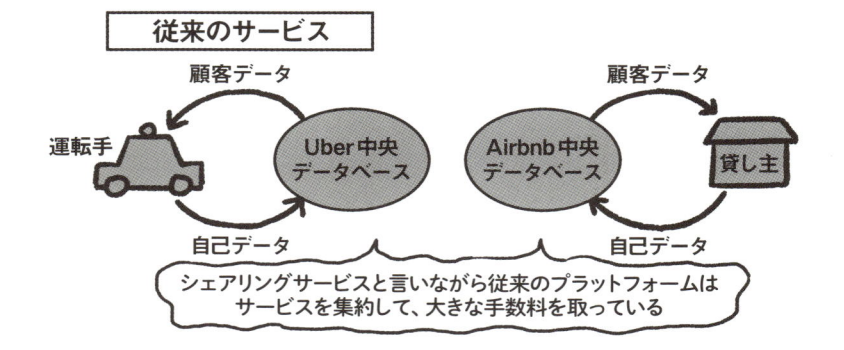

従来のサービス

顧客データ

運転手 ← Uber中央データベース ← Airbnb中央データベース → 貸し主

顧客データ

自己データ　　　　　　　　　　　　　　　　自己データ

シェアリングサービスと言いながら従来のプラットフォームは
サービスを集約して、大きな手数料を取っている

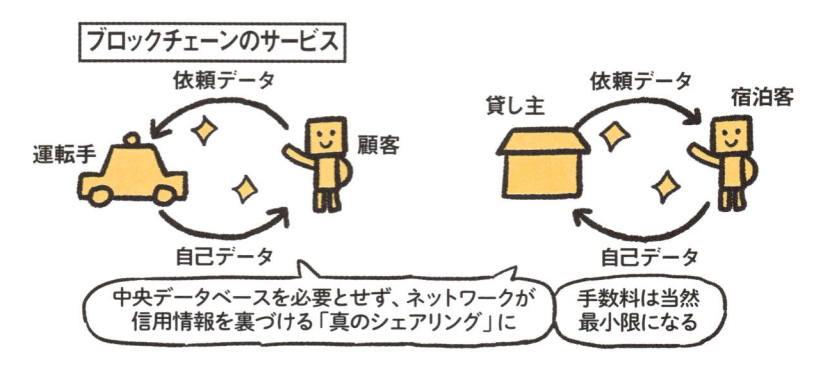

ブロックチェーンのサービス

依頼データ　　　　　　　　　　　　　依頼データ

運転手　　　顧客　　　貸し主　　　宿泊客

自己データ　　　　　　　　　　　　　自己データ

中央データベースを必要とせず、ネットワークが
信用情報を裏づける「真のシェアリング」に

手数料は当然
最小限になる

実践

最小限の手数料で、ユーザー同士が直接やりとりできる新時代がやってくる。

戦略的に模倣し、さらに超越していく

テンセント

Tencent

「中国人ユーザーの独自性」を最速で製品開発に取り入れた！

考えた人

馬化騰氏は、アリババの CEO 馬氏のように海外で MBA を取得せず、中国の広東省深圳市で育った。深圳は特区として最先端産業に中国政府が注力した地域で、その影響を受け、成功した人物が馬化騰氏である。

内容

『テンセント帝国を築いた男 馬化騰』は、全 12 章からなる。第 1 章「馬化騰という男」、第 2 章「馬化騰の仲間たち」、第 6 章「OICQ から QQ へ」、第 7 章「テキストメッセージでインターネット企業の勝ち組に」、第 11 章「ゲーム市場での決戦」、第 12 章「テンセント式イノベーション」ほか。

成立の経緯

書籍『テンセント帝国を築いた男 馬化騰』は、Lin Jun, Zhang YuZhou の共著。2 人の情報は書かれていない。本書の中で世界時価総額ランキングでアリババとアジア 1 位の座を争うインターネット企業テンセントの急成長の謎に迫った。

悩み

後発でも、アジアナンバーワンの座を争うほど成長できる？

答え

中国のネット環境に最適な製品開発を行い、メッセンジャー QQ のユーザー 4 億人を獲得。コミュニティの活用や人材引き抜きなど、ライバルとの競争に勝ち抜く無数の叡智があれば、ナンバーワンになれる!

この戦略のポイント

①マネしながら、元のモノを大きく超越する

「テンセントの OICQ はオリジナルのものではなく、模倣品として登場した。」「「超越式模倣」は、馬化騰の創業当時からの製品哲学である。」

②「ユーザー体験」を極限まで分析する

「馬化騰は、テンセントの競争力はインスタントメッセージのユーザー集団やコミュニティにあり、単純な占有率では語れないと感じている。」「直接現場から迅速かつ正確に、ユーザーのフィードバックを得ることができた。」

③競合とは「まったく違う視点」に切り替える

「テンセントが初手で結果を残せなかったのは、マイクロソフトとソフトウェアで競争するという、自社の苦手分野で相手の得意分野に挑むような行為であったためであり」、
「多くはアメリカで流行しないものか市場に無いものばかりで、マイクロソフトはこうした新機能を全く理解できなかった。」

マネしながら、元のモノを
大きく超越する

「**超越式模倣**」、
つまりマネから始める。

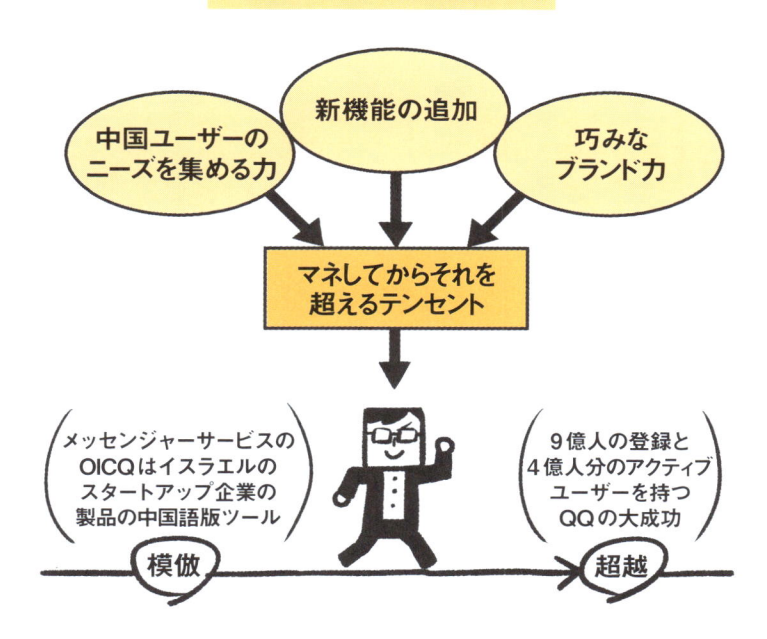

中国ユーザーの
ニーズを集める力

新機能の追加

巧みな
ブランド力

マネしてからそれを
超えるテンセント

メッセンジャーサービスの
OICQはイスラエルの
スタートアップ企業の
製品の中国語版ツール

9億人の登録と
4億人分のアクティブ
ユーザーを持つ
QQの大成功

模倣　　　　　　　　　　　　　　超越

> マー
> 馬が模倣したイスラエルのスタートアップ企業は
> 最終的にアメリカのAOLに買収された。
> つまりテンセントは「模倣以外の能力」も発揮していた!

実践

マネから始めても、ユーザー体験による改善を積み重ねて、
オリジナルを超える力を発揮したテンセント。

「ユーザー体験」を極限まで分析する

ユーザーのニーズと体験情報を徹底的に重視する力。

なるほど！私たちの新機能は
ユーザーがああやって使うのか！

馬化騰　　張志東（チャンジドン）

直接ユーザーの反応を観察した

テンセントのオフィスの下にある
インターネットカフェ

ユーザー体験を開発の最大の武器に！
テンセントの重要戦略

QQを中心とする
コミュニティからの
反応とアイデアを
吸い上げる力

中国人の利用方法の
違いを発見して他国の
企業と差別化する力

ウェブサイトを通じて
「ユーザーのアイデア集」
「イノベーションコンテスト」
などを主催

サービスが使われている現場から、
開発のヒントをつかんだ！

実践　他国の企業と差別化するため、中国人ユーザーの利用方法を
徹底的に研究。開発の強力な武器を磨いていた。

テンセント

この戦略の
POINT3

競合とは「まったく違う視点」に切り替える

マイクロソフトとの戦い方に見る テンセントの「中国的な知恵」。

第1ラウンド

相手の技で相手を攻撃しようとした

人材を引き抜き、メール機能を強化

でも効果なし…

マイクロソフトMSN　テンセント

第2ラウンド

東洋的な知恵！

中国人向け新機能を次々と追加

中国人ユーザーのフィードバック機能なら世界の巨人にも勝てる力がテンセントにはあるよ！

マイクロソフトMSN　テンセント

大きな市場を持つ「中国人ユーザー」に特化したことが成功のカギ！

実践

相手の武器を同じく利用するだけでは、差は縮まらない。自分たちがよく知る中国人向けの独自機能で差別化を続けた賢さ。

効果的な物流戦略で、優位の状態を生み出す

すごい物流戦略

Amazing logistics strategy

物流を使えば、
競争に勝てる！

成立の経緯

角井氏は、2011年から毎年米国に30日以上、東南アジアに10日間は足を運び、最新の物流ビジネスを視察している専門家。米国、欧州を含む各国では優れた物流戦略が1つのビジネスモデルと認知されており、日本企業が世界レベルの戦略物流の発想を学ぶ道を示している。

考えた人

著者の角井 亮一氏は、米ゴールデンゲート大学でMBAを取得。船井総合研究所などを経て、家業の物流会社、光輝物流に入社。その後、株式会社イー・ロジットを設立。同社は通販物流を受託する国内ナンバーワンの通販専門物流代行会社であり、物流コンサルティングなども行っている。

内容

書籍『アマゾン、ニトリ、ZARA……すごい物流戦略』は序章と6つの章、終章の構成。アマゾン、ニトリ、アイリスオーヤマ、ZARA、DHLの物流戦略を分析し、終章では物流戦略のフレームワークと最新動向を解説している。

悩み

アマゾンなど、「物流で勝っている企業」の強さは、どこにある？

答え

物流とは、単に「モノを移動させる行為」ではない。「顧客ニーズ」×「物流」の組み合わせで実現できるものを考えよ！　これが強力な競争優位につながる！

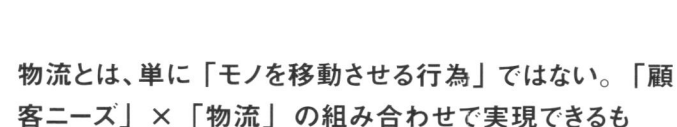

この戦略のポイント

①経営戦略の要である「物流」を制する

「ロジスティクスはビジネスモデルそのもの」「アマゾンは、ロジスティクスカンパニーだとジェフ・ベゾスが言うように、ロジスティクスへの投資を続けています。」

②物流戦略は「4Cフレームワーク」で行う

「4Cの使い方ですが、まず、利便性と時間の2つを考えます。これには、経営戦略に同期したものを入れます。（中略）次に、手段とコストを考えます。」

③製造と購入を結びつける「個別の効率化」

「私なりにオムニチャネルを簡単に整理すると、「どんな注文方法にも、どんな受け取り方にも対応する、お客様満足度の高い商売の仕組み」です。」

経営戦略の要である「物流」を制する

物流は「単なるモノの移動」ではなく、企業の「重要な戦略」要素。

物流に強い5つの企業

アマゾン

ニトリ

ZARA

アイリスオーヤマ

DHL

世界的な企業でも物流は強力な武器なんだね!

米国では「物流を制する者が市場を制する」とも言われているんだ

実践 物流の効果的な組み合わせは、企業の強力な戦略まで高めることができる。ネット時代だからこそ、人とモノを結びつける物流は不可欠になっている。

物流戦略は「4Cフレームワーク」で行う

物流は「**4C**」で戦略物流思考を行う。

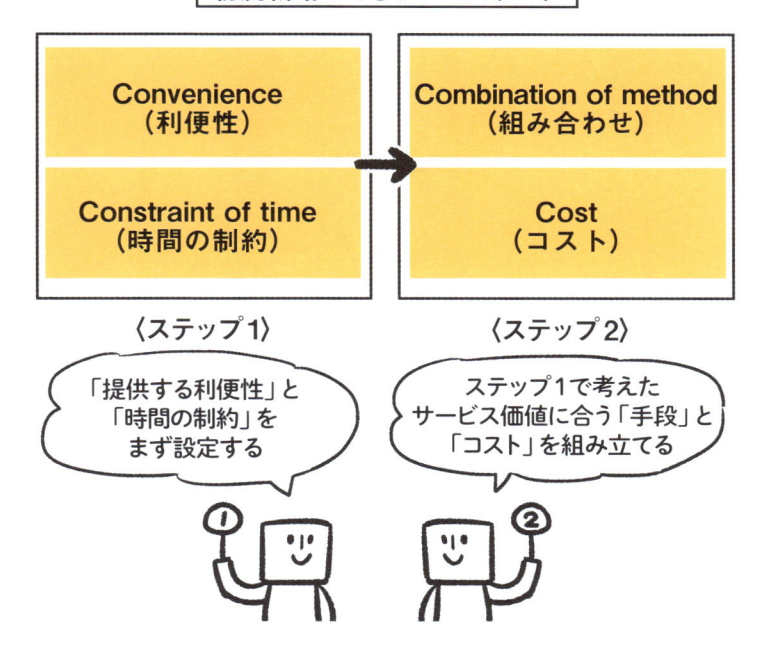

物流戦略の4Cフレームワーク

Convenience（利便性）	Combination of method（組み合わせ）
Constraint of time（時間の制約）	Cost（コスト）

〈ステップ1〉

「提供する利便性」と「時間の制約」をまず設定する

①

〈ステップ2〉

ステップ1で考えたサービス価値に合う「手段」と「コスト」を組み立てる

②

実践

物流戦略の起点は、消費者にどんな利便性を提供するかである。その利便性とコストや時間を組み合わせて独自の戦略を作り上げる。

製造と購入を結びつける「個別の効率化」

提供する価値と全体像の設計、個別の効率化を進める。

オムニチャネルの満足度が高い理由

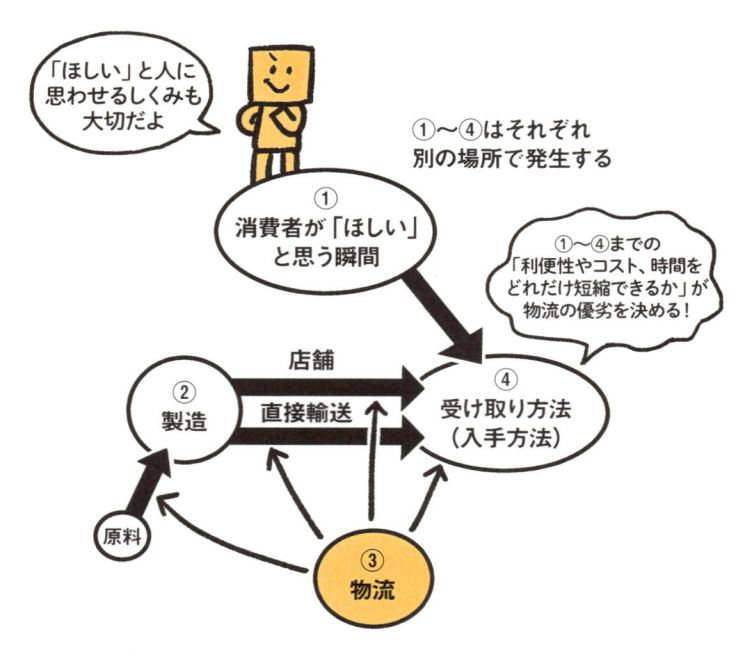

「ほしい」と人に思わせるしくみも大切だよ

①〜④はそれぞれ別の場所で発生する

① 消費者が「ほしい」と思う瞬間

①〜④までの「利便性やコスト、時間をどれだけ短縮できるか」が物流の優劣を決める!

店舗

直接輸送

② 製造

④ 受け取り方法（入手方法）

原料

③ 物流

どんな注文方法にも、どんな受け取り方法にも対応してくれる!

実践 消費者が欲しいと思う場所と瞬間は、商品の生産現場から常に離れている。この距離を、どうつなぐかが工夫のしどころである。

異なる視点で物事をとらえると、
人にはわからないチャンスが見えてくる

ジェフ・ベゾス

Jeffrey Preston Bezos

> アマゾンは
> 「モノを売るビジネス」
> ではない!

考えた人

『ジェフ・ベゾス　果てなき野望　アマゾンを創った無敵の奇才経営者』の著者はブラッド・ストーン。ブルームバーグ・ビジネスウィーク誌のシニアライター。アマゾンを含めたシリコンバレー企業の取材経験が豊富な人物。

内容

書籍『ジェフ・ベゾス　果てなき野望　アマゾンを創った無敵の奇才経営者』は、全3部の構成。第1部「信念を貫く」、第2部「書店サイトだけでは終わらない」、第3部「伝道師か、金の亡者か」。

成立の経緯

アマゾンが成し遂げた巨大な成功を、創業者であるジェフ・ベゾスを軸に描いている。多数の人物・企業がネットの黎明期に立ち会いながら、ベゾスだけがなぜ地球規模の成功を手にしたのか、彼の成功の軌跡を辿って謎の一端を解き明かした1冊。

悩み

なぜ、アマゾンだけが、
ネット黎明期の巨大なチャンスを手にできたの……?

答え

ネットでの書籍販売に、競合たちは試験的に参加した。
しかしベゾスは、可能性を信じて最初からアクセル全
開で取り組んだ。大多数と違う未来像を見抜けたこ
とが、ベゾスを大きな勝利に導いた。

この戦略のポイント

①大胆で卓越した先見性と人材への先行投資

（最優秀の学生にアプローチしたデビット・ショーの会社を真似て）「アマゾンを立ち上げ
る際、ベゾスは、この採用方法をはじめ、D・E・ショーの経営手法を数多く取り入れた。」
ベゾスは自分が一時期所属したD・E・ショーという会社が、新たな事業機会に最優秀
の人材を投入して生み出した成果を見ていた。」

②アマゾンが売っているのは、「モノ」ではない

「我々はモノを売って儲けているんじゃない。買い物についてお客が判断するとき、その
判断を助けることで儲けているんだ。」

③電子書籍に破壊的イノベーションを見る

「君の仕事は、いままでしてきた事業をぶちのめすことだ。物理的な本を売る人間、全員
から職を奪うくらいのつもりで取り組んで欲しい。」

大胆で卓越した先見性と人材への先行投資

芽が出る前から、
最優秀の人材を全力で集めて投入した。

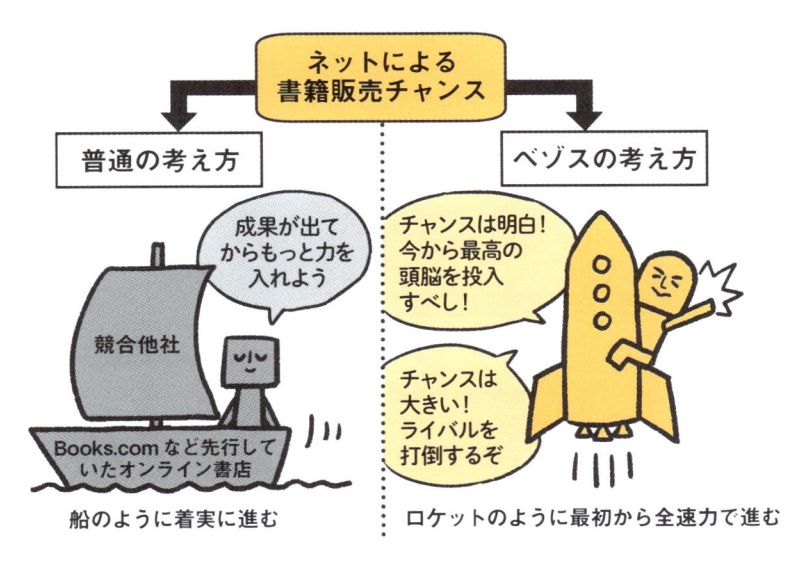

ネットによる書籍販売チャンス

普通の考え方

成果が出てからもっと力を入れよう

競合他社

Books.com など先行していたオンライン書店

船のように着実に進む

ベゾスの考え方

チャンスは明白!今から最高の頭脳を投入すべし!

チャンスは大きい!ライバルを打倒するぞ

ロケットのように最初から全速力で進む

ベゾスは最初からアマゾンをネットの
「エブリシング・ストア（何でも買える店）」にしようと考えていた。
しかし、入り口としてまず「書籍のスーパーマーケット」を
目標にした賢明さがあった。

実践

「これだ!」とビジネスチャンスを感じたら、迷いなくアクセル
全開で進む。

アマゾンが売っているのは「モノ」ではない

モノを売ってお金を稼いでいないと
考えたことによる成功。

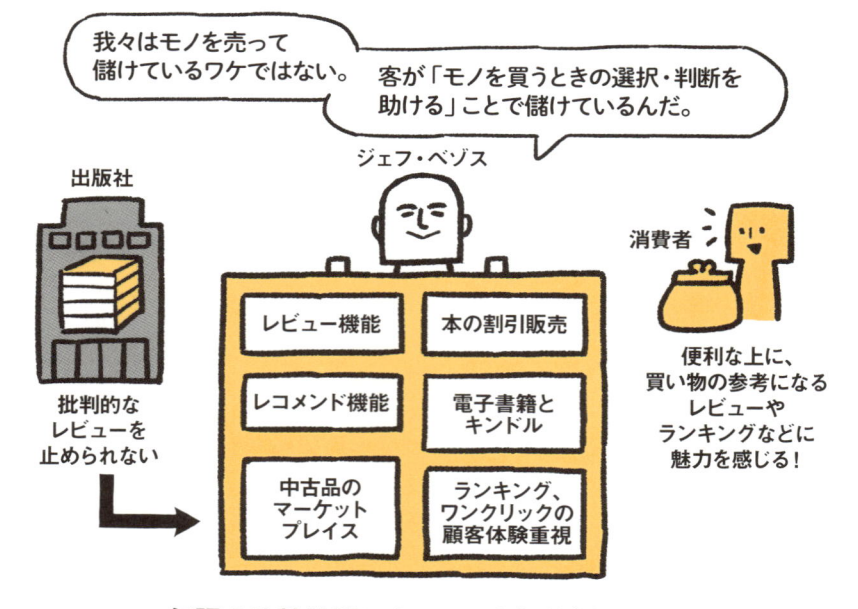

我々はモノを売って
儲けているワケではない。

客が「モノを買うときの選択・判断を
助ける」ことで儲けているんだ。

ジェフ・ベゾス

出版社

消費者

批判的な
レビューを
止められない

| レビュー機能 | 本の割引販売 |
| レコメンド機能 | 電子書籍と
キンドル |
| 中古品の
マーケット
プレイス | ランキング、
ワンクリックの
顧客体験重視 |

便利な上に、
買い物の参考になる
レビューや
ランキングなどに
魅力を感じる!

無限の比較検討によって、出版社側より
大きな影響力を持つアマゾン。
ネガティブなレビューですら「商品力」になる。

実践 モノを売ると考えると、仕入れ先に配慮する。顧客の判断を
助けると考えると、第3者の立場ですべてに厳格になれる。
新しい目標を追いかける効果。

電子書籍に破壊的
イノベーションを見る

名著『イノベーションのジレンマ』を研究して
キンドルで破壊的イノベーションを狙った。

これまでの物理的な
本が利用できない
場所と用途で消費者
が本を買える！

物理的な本を売る
人間全員から職を
奪うほどの可能性！

ジェフ・ベゾス

イノベーションのジレンマ

キンドル

クレイトン・クリステンセン
教授の世界的名著

「電子書籍には破壊的イノベーションが可能だ」と
ベゾスは考え、行動した。

実践

これまで購入できなかった物理的条件を変えてしまう技術。
破壊的イノベーションの定義を知ったことで、狙って行えるよ
うになる。

Senryaku

第 **5** 章

実行
の
戦略

戦略論が成熟していき

多数の理論が生まれてきましたが、

机上の空論で終わっては、

何の意味もありません。

ここでは、

「実際の行動に結びつく、実行の戦略」を

見ていきます。

現実からかけ離れた戦略論には疑問の目を向けよ!

戦略サファリ
Strategy safari

> 戦略論は多数の流派に分かれているが、それぞれ一部だけは正しい。

成立の経緯

ミンツバーグは、戦略論の10流派を俯瞰(ふかん)した上で、それぞれが何をしているのかを分析した。各流派は、自分たちが分析できる、あるいはわかっていると思い込んだ現実だけを切り取って「すべて」と考える傾向があることを本書は指摘している。

考えた人

ヘンリー・ミンツバーグは、カナダのマギル大学経営大学院の教授。世界的な経営思想家として知られ、古典的な戦略論に疑問符を投げかけることで、新たな議論を巻き起こした。

内容

書籍『戦略サファリ 戦略マネジメント・ガイドブック』は、ミンツバーグほか、ブルース・アルストランド、ジョセフ・ランペルの共著で全12章。第1章「サファリ・ツアーのねらいと構成」。以降第11章まで戦略各派の説明と批評が続く。第12章「新たなパースペクティブ」で全体を通した結論を述べている。

〜〜〜〜〜〜〜〜〜〜〜〜〜〜

悩み

戦略論には多数の流派があるけれど……、
どの主張を信じればいい？

〜〜〜〜〜〜〜〜〜〜〜〜〜〜

答え

戦略論の各派は、都合のよい部分だけを見ているから違う主張になる。しかし、企業経営は全体を通した結果がすべて。流派の主張を統合的にとらえるべきだ！

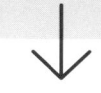

この戦略のポイント

①10の戦略の長所と欠点を分ける

「6番目の男は象に手を伸ばすと、すぐにゆらゆらゆれる尻尾を掴み、こういった。「なるほど、象とは縄のようであるぞ！」」

②戦略は大きく、「5つのP」に分類できる

「戦略とはプラン（Plan）であり、戦略とはパターン（Pattern)でもある。ポジション（Position）でもあり、パースペクティブ（Perspective）または策略（Ploy）でもある。」

③行動しなければ、真の戦略は浮かび上がらない

「最初からすべてをデータ化できるわけではなく、戦略は始める前に完璧な計画として出現することはほぼない。むしろ、戦略を起点に行動を開始し、行動によって真に効果的な戦略の具体像が浮かび上がってくることが現実である。」

10の戦略の
長所と欠点を分ける

**戦略論の違いは盲目の人間が象を触ることに
似ていて、「1つの面」しか見えていない。**

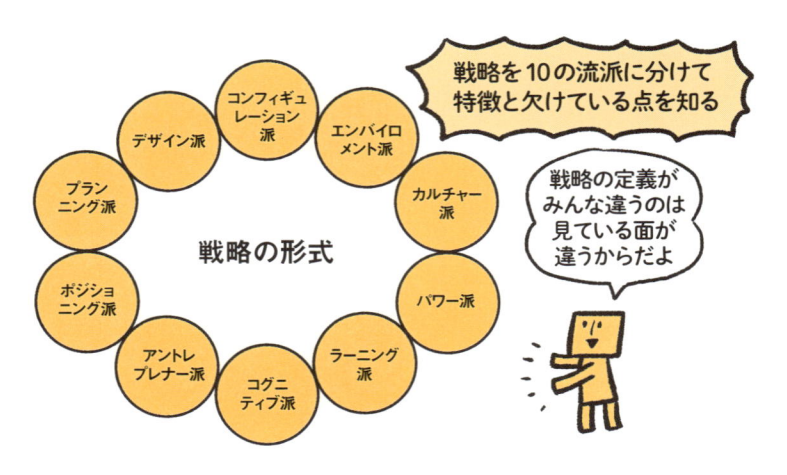

実践 戦略に流派があるのは、注目するポイントが異なるから。各
派の違いを理解することで、より効果的に使えるようになる。

この戦略の
POINT2

戦略は大きく「5つのP」に分類できる

戦略を大きく分類すると5つのPになる。

①プラン（Plan）：計画

カンペキな計画さ！

計画を立てることが戦略だよ

②パターン（Pattern）：成功の繰り返し

あれが成功例だ！

実行したことのうち、うまくいった行動が戦略

③ポジション（Position）：場所

やったー！

市場でのポジショニングこそが戦略

④パースペクティブ（Perspective）：予測

見えたぞ！

ある枠組みを使って未来を予測することが戦略

⑤プロイ（Ploy）：策略

1000店を国内に作る予定だよ。買ってあげようか？

フフフ、実はウソなのだ！

もうダメだ。安くても買収してもらうしかない…

大きく分類しても戦略はまだ5つの区分がある。計画できる戦略と、試行錯誤の中で生み出される戦略の違いを知っておくべき。

実践

行動しなければ真の戦略は浮かび上がらない

戦略から行動を始めて、
行動から優れた戦略を導き出す。

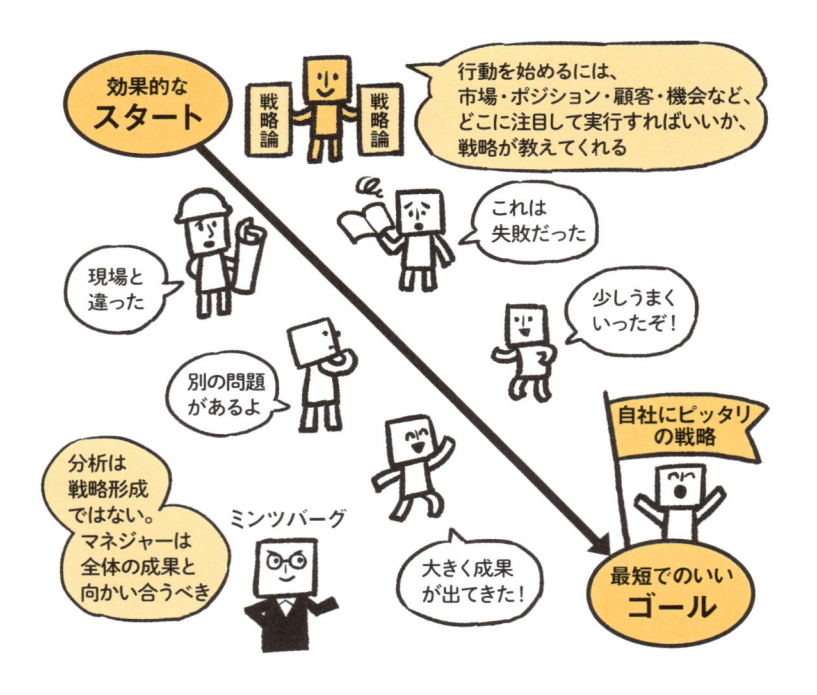

効果的な
スタート

戦略論 戦略論

行動を始めるには、
市場・ポジション・顧客・機会など、
どこに注目して実行すればいいか、
戦略が教えてくれる

これは
失敗だった

現場と
違った

少しうまく
いったぞ!

別の問題
があるよ

分析は
戦略形成
ではない。
マネジャーは
全体の成果と
向かい合うべき

ミンツバーグ

大きく成果
が出てきた!

自社にピッタリ
の戦略

最短でのいい
ゴール

実践　行動を始めるとき、何に着目すればいいか教えてくれる戦略
がある。一方で、行動することで発見できる戦略も当然ある。

「成功した足跡」を追え!

Senryaku

20

結果を出せないのは、
実行を指導できるリーダーがいないから

経営は「実行」

Management is "execution"

「実行」こそ
リーダーの
最大の仕事だ!

成立の経緯

優れた CEO でさえ、企業業績を向上させられずに転落することがある。華々しい戦略や目標を掲げても、実行できなければ無意味だからである。幾多の企業と経営を比較した専門家である2人が辿り着いた答えが「実行こそが経営」だった。

考えた人

書籍『経営は「実行」　明日から結果を出すための鉄則』はラリー・ボシディとラム・チャランほか3名の共著。ボシディは米ハネウエル・インターナショナルの元 CEO ほか、複数の一流企業の経営者として活躍。ラム・チャランは経営アドバイザーとして米の著名企業を何社も指導。ハーバード大学の経営大学院などで教鞭も取る。

内容

『経営は「実行」　明日から結果を出すための鉄則』は3部構成。3部で紹介する3つのコア・プロセスとは、「人材プロセス」「戦略プロセス」「業務プロセス」のこと。

悩み

なぜ、多くのリーダーは
求められる結果を出せないのだろう……?

答え

結果を出したければ、「アイデアや戦略を練る」「その
アイデアや戦略、目標を形にするため、実行のプロ
セスを組み立てフォローする」の2
つを両立せよ!

この戦略のポイント

①「実行」は成功に不可欠な知的要素

「知的な挑戦についての一般的な見方は、事実を半分しか見ていない。知的な挑戦には、
アイデアを育み、証明するという厳しい面があるという点が往々にして見逃されている。」

②リーダーこそが「実行」を加速させる

「ジャック・ウェルチは GE の CEO を二十年務めたが、最後の年にも、一日十時間、一
週間をかけて各部門の事業計画を検討していた。意見交換には積極的に参加した。引
退間際になっても、管理していたわけではなかった。積極的に関わることで率いていたの
だ。」

③「人材」「戦略」「業務」のプロセスで実行する

「3つのプロセスは、実行に関して重要なことを決めなければならない場である（中略）。
実行力のある企業は、これらのプロセスを厳密に徹底的に探究している。」

「実行」は成功に不可欠な知的要素

目標達成に必要な2つの知的要素を理解する。

目標達成まで一直線だ!

アイデア
すばらしい目標
（思考の領域）

実行・具体化
達成への
プロセス設計
（実行の領域）

実行がなければ
アイデアは証明されず
達成も失敗する!

必要な2つの知的要素

思考の領域だけでは
成果ゼロ。
実行力が伴わない悲劇

アイデア
すばらしい目標
だけ
（思考の領域）

実践　絵に描いた餅は食べられない。同様に、ビジネスも人生も思考の領域だけではなく、実行の領域の充実ではじめて成功する。

リーダーこそが「実行」を加速させる

リーダーの仕事は単なる管理ではなく、「率いる（実行を加速させる）」ことである。

実行を加速させる
リーダーの3つの仕事

どうすれば
実行できるのか？

現場担当者　リーダー

実行につながる
質問をぶつける

リーダー

責任　責任　責任

実行における責任の
所在を明確にする

リーダー

追跡を
フォローする場

計画

実行

実際に何が実行され、
今後何をすべきか、
フォローを続ける

あなたがリーダーならば「部下の実行を加速させるために、何ができるか？」を常に自問すべきである。

実践

「人材」「戦略」「業務」の プロセスで実行する

成果を上げるには 3つのプロセスを理解して主導する。

プロセスを主導するための4つの行動

スタッフ　リーダー
どうやって 実行するか？
何が必要 なのか？
実行につなげる質問をする

リーダー
目標　リアルな 情報
現実・現場のリアルを 詳しく把握する

人材
3つの プロセス
戦略　業務

リーダー
目標
ステップA　ステップB　ステップC
目標を具体的な実行に ブレイクダウンする

リーダー
スタッフA　スタッフB
各プロセスを担う重要な人材を 正しく評価してコーチングする

実践

リーダーは、組織内に「実行を容易にするしくみ」を作るべき であり、確実な実行力が組織の成果を際立たせる。

3つの要素を改善すれば、成果は最大化できる

ハイ・アウトプット・マネジメント

High output management

マネジャーの仕事は
部下と組織の
アウトプットを最大に
すること！

考えた人

著者のアンディー・S・グローブは、1936年ハンガリー生まれ。1956年に米国へ移住。98年より米インテル社のCEOとして、世界的な知名度を持つ経営者。日本企業のメモリ攻勢へ対抗するため、マイクロプロセッサへの大胆な移行を成功させた。2016年死去。

内容

書籍『HIGH OUTPUT MANAGEMENT　人を育て、成果を最大にするマネジメント』は、イントロダクションと全4部で構成。第2部「経営管理はチーム・ゲームである」、第3部「チームの中のチーム」などがある。

成立の経緯

グローブはインテルを創業してCEOとなり、世界の一流企業に育て上げた。その経験から「企業に在籍する者は全員、ある種の生産活動を行っている」という視点で、全社の生産性を最高にする洞察を描いた。組織・マネジャー・部下の3つの要素から成果を最大にするマネジメントに迫っているが、特にミドル・マネジャーの重要性と役割が強調されている。

悩み

どうすれば組織の成果を最大化できるの……?

答え

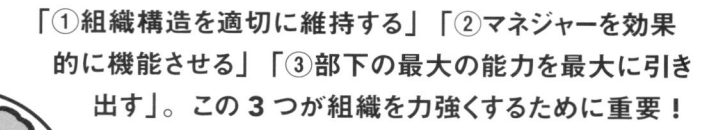

「①組織構造を適切に維持する」「②マネジャーを効果的に機能させる」「③部下の最大の能力を最大に引き出す」。この3つが組織を力強くするために重要!

この戦略のポイント

①「知識パワー」と「地位パワー」を結びつける

「われわれのビジネスでは、毎日、知識パワーを持つ人々と地位パワーを持つ人々を結びつけなければならない。」

②マネジャーは「自分の仕事の定義」を知るべし

「マネジャーのアウトプット＝自分の組織のアウトプット＋自分の影響力が及ぶ隣接諸組織のアウトプット。」

③部下の能力は「訓練」と「モチベーション」で引き出す

「職場を競技場のように考えてみれば、部下を能力の限界に挑戦する「スポーツ選手」のように考えることができ、それが、チームを不断の勝利者に導くカギとなる。」

「知識パワー」と「地位パワー」を結びつける

適切な組織構造を追求し、それを維持する。

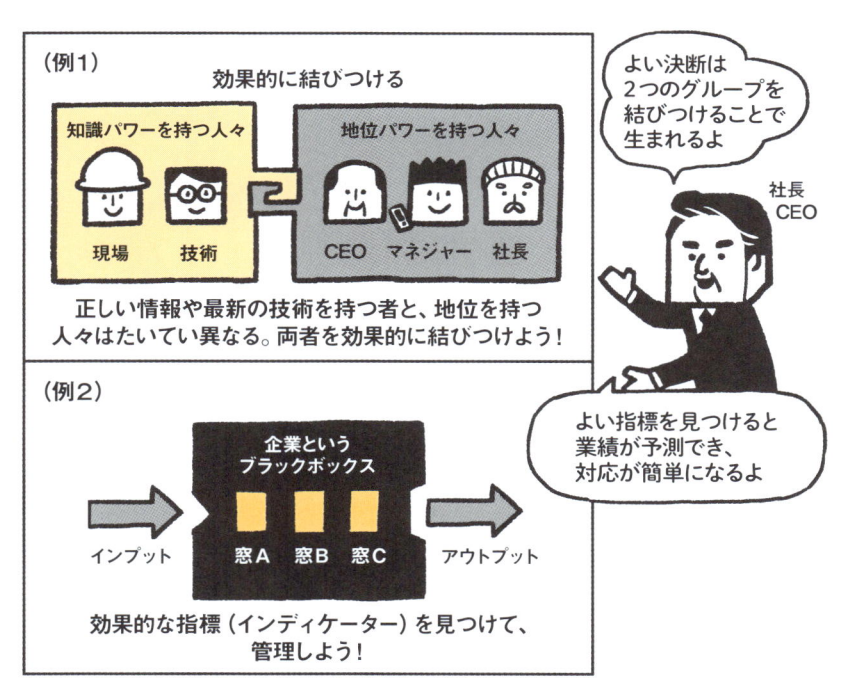

（例1）　　　　効果的に結びつける

知識パワーを持つ人々　　　地位パワーを持つ人々

現場　技術　　　CEO　マネジャー　社長

正しい情報や最新の技術を持つ者と、地位を持つ
人々はたいてい異なる。両者を効果的に結びつけよう！

（例2）

企業という
ブラックボックス

インプット　　　窓A　窓B　窓C　　　アウトプット

効果的な指標（インディケーター）を見つけて、
管理しよう！

よい決断は
2つのグループを
結びつけることで
生まれるよ

社長
CEO

よい指標を見つけると
業績が予測でき、
対応が簡単になるよ

ほとんどの組織の中で、知識パワーと地位パワーは別々の人
が持つ。2つを効果的に結びつけるほど成果を生み出せる。

実践

マネジャーは「自分の仕事の定義」を知るべし

マネジャーのアウトプットの定義と3つの武器。

マネジャーのアウトプット

＝

自分の組織のアウトプット

＋

自分の影響力が及ぶ
近接諸組織へのアウトプット

やろうと思えば
相当に広い範囲に
影響を与え
られるよね！

マネジャー

マネジャーはよい影響力を生むため、効果的な情報の収集と提供が必要

武器① ミーティング	武器② 決断	武器③ プランニング
情報やノウハウの提供、問題の解決の話し合い	効果的な意思決定の方法を持つほど成果が大きい	明日のアウトプットのために、今日すべき行動を見抜く

実践　マネジャーは、どれだけ広い範囲にプラスの影響を与えられるかが仕事の成果になる。3つの武器を使いこなしてアウトプットを高めよう。

部下の能力は「訓練」と「モチベーション」で引き出す

部下のアウトプットを最高にする 2つの視点。

マネジャーが業績を上げるには
部下の「訓練」と「モチベーション」が重要。

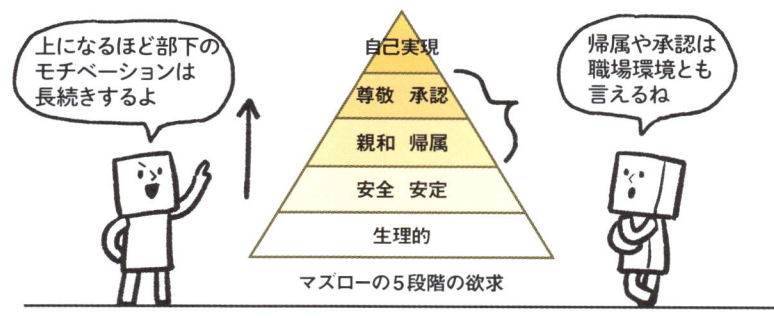

相手のタスク習熟度でマネジャーの対応は違う

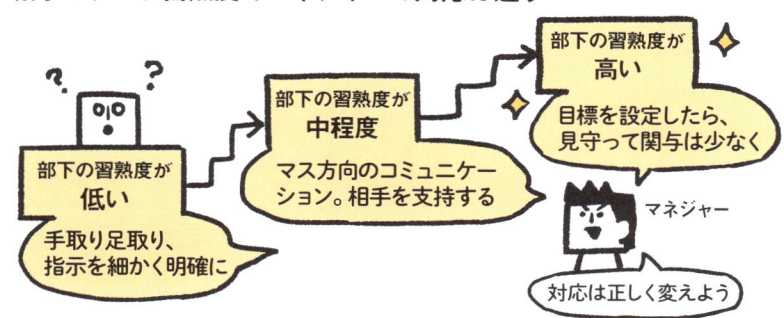

モチベーションのレベルが高まると、部下は自律的に最高の
成果を追求するようになる。正しいステップを設計して部下を
助けよう。

22

人の力を最大限に解放する組織への道

ティール組織
Teal organization

「人の創造性」と「働く喜び」は両立できる！

成立の経緯

本書は「現在（過去）の組織モデルの限界」という観点から議論が始まる。ビジネスにおける典型的な階層構造の組織、人の自主性や創造性を抑圧する現在の組織形態からの脱却で、新しい可能性「進化型組織（ティール）」を人々が手にできると説く。

考えた人

著者のフレデリック・ラルーは1969年生まれ。フランスのビジネススクールINSEADでMBA取得。マッキンゼーに15年間勤務後、エグゼクティブ・アドバイザーとして独立。著作『ティール組織 マネジメントの常識を覆す次世代型組織の出現』は2018年時点で世界35万部以上の、世界的なベストセラーとなる。

内容

書籍『ティール組織 マネジメントの常識を覆す次世代型組織の出現』は、3部構成。原題 "Reinventing organizations" は、「組織を再発明する」もしくは「新たな組織を考案する」の意味。

悩み

古い組織マネジメントを変えて、
新しい組織になっても、成果を上げられるの……?

答え

組織の参加者全員が賛同する「存在意義」と、効果
的な自主運営を可能にする「組織ルール」の2つ
が両立できれば、成果は上がる!

この戦略のポイント

①過去の組織形態には3つの弱点がある

「順応型パラダイム（アンバー）に従って行動している人々は、秩序の維持と前例踏襲を何よりも重視」、「トップに到達する人生だけが成功だとしたら、私たちは人生の中に空虚感を見いだすことになる」（達成型組織（オレ））、「家族には、必ずしも私たちの本性の良い面ばかりが現れるわけではない。」

②目指すのは自然な欲求を解放できる「ティール組織」

「（ティール組織は）従業員が生き生きとする場を提供し、相場よりも高い給与を支払い、毎年成長を続け、極めて高い利益率を上げ」「何よりも、自社の気高い存在目的を世界に実現させるための媒体となっている。」

③上司がエゴを捨てれば、部下は最高の情熱を発揮する

「休暇が終わると、マネジャーたちはゾブリストに対し声高に不満をぶつけた。アメとムチを取り上げられてしまった今、私たちはどうやって労働者たちを統制していけばよいのか」「ゾブリストは（中略）チームは自主経営（セルフマネジメント）とする、と宣言したのである。」

過去の組織形態には
3つの弱点がある

過去の**3つの組織**における
メリットとデメリット。

分類	メリット・特徴	デメリット
順応型組織 （アンバー） ピラミッド型の 階層構造。	秩序の維持が得意。 堅固なピラミッド。 大きな組織を安定させる。	役割の中に人を閉じ 込める。帰属意識の強調 による恐怖、不安感。
達成型組織 （オレンジ） 目標は競争に勝つ こと。利益と成長。	有効性の追求がすべて。 目標とは成功である。 機械に例えられる組織。	成功のための成功。 出世だけが成功になる 虚しさ。ニーズをでっち 上げる危険性。
多元型組織 （グリーン） 文化と権限委譲。 存在目的の共有。	価値観を重視する。 ボトムアップの プロセスを好む。 家族に例えられる組織。	家族主義であるがゆえの 個人の抑圧。 人間中心であるがゆえの 窮屈さ。

進化

進化

それぞれの
組織・構造には
メリットがあれば
デメリットもあるね。

人の発想の進化と、
組織レベルの高さは
一致しているんだね。

実践 ティール以前の組織は支配などによって、人間の欲求のごく
一部しか仕事の原動力にできなかった。人のすべてのエネル
ギーを解放することで、最大の成果を生み出すべき。

目指すのは自然な欲求を解放できる「ティール組織」

進化型組織のリーダーたちは、「生命体」や「生物」のような組織を理想的ととらえている。

進化型組織の３つの突破口

自主経営	全体性	存在目的
大組織でもTOPはなくチームで決定する。	職場は自分の一部だけを出す場所ではなく、自分自身であってよい場所。	組織はそれ自身が生命と方向感覚を持っている。

チームは実質的に、メンバーで自主的に編成された自治組織。	家族主義は人の家族的な側面で個人の全体とは違う面を否定する。その人の全体を安心して出せる場になる。	良い存在目的は抑圧ではなく、共感で人々を動かせる。

ティール組織は
人、組織、社会の３つの
欲求を開放して
エネルギーにしているんだ！

実践

集団には固有の欲求があり、社会には目指すべき目標があり、人にも独自の想いがある。3つを同時に解放することが最大の力を引き出す。

上司がエゴを捨てれば、部下は最高の情熱を発揮する

トップや管理職の
エゴと引き換えに、得られる力は最強。

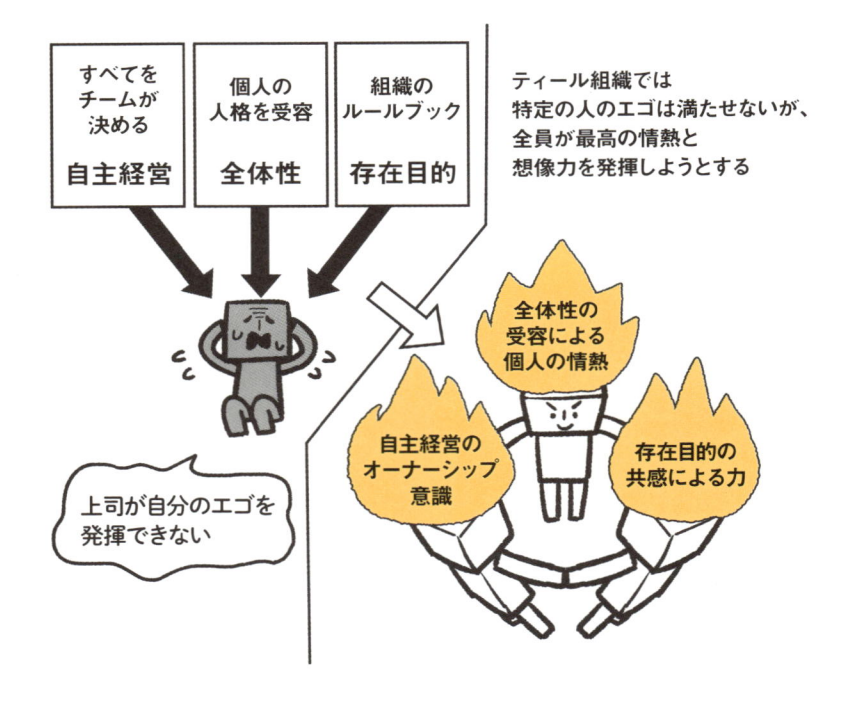

すべてを
チームが
決める

自主経営

個人の
人格を受容

全体性

組織の
ルールブック

存在目的

ティール組織では
特定の人のエゴは満たせないが、
全員が最高の情熱と
想像力を発揮しようとする

上司が自分のエゴを
発揮できない

全体性の
受容による
個人の情熱

自主経営の
オーナーシップ
意識

存在目的の
共感による力

実践　ティール組織では、上司は自分のエゴを発揮できない。支配
や抑圧を武器にして人を動かすことと、ティール組織のあり
方は正反対だからである。

Senryaku

第 **6** 章

イノベーション
の
戦略

時代が移り変わっても、戦略が昔のままでは、
だんだんと膠着状態に陥ります。
状況に応じて、既存の思考や方法は
変えていかなければなりません。
大きな変革を呼び起こす
「イノベーションの戦略」を
解説します。

23

組織の外での体験を内部に取り込み、変革を起こす

知識創造企業
Knowledge creation company

日本企業の
イノベーションは、
知識創造の作法で
行われている！

成立の経緯

1980年代までは、世界的に日本企業の躍進が目立った時代だった。その時代の、日本企業がなぜヒット商品を連続して開発できたのか。イノベーションの理由を、日本的な知識創造によって解説した。

考えた人

『知識創造企業』は、野中郁次郎氏と竹内弘高氏の共著。野中氏は一橋大学名誉教授。知識経営の生みの親として、世界的な知名度を誇る。竹内氏も一橋大学名誉教授、ハーバード大学経営大学院教授、企業の社外取締役などを歴任。

内容

書籍『知識創造企業』は、全8章。大きく3つに区分すると、1つめは「知識と経営」についての考察。2つめは、組織的な知識創造の理論と実例」、3つめは「知識創造を促進させるマネジメント・組織構造についての分析」となっている。

悩み

1 つの企業が、一時的なブームを超えて、
継続的なイノベーションを起こすにはどうしたらいいの……?

答え

定期的に、企業の外にある現実に触れて、体験から発
想を飛躍させること。そして、計画的に過去の成功
体験（古い知識）から離れること！

この戦略のポイント

①計画的に「組織の外」を体験させる

「日本企業の連続的イノベーションの特徴は、この外部知識との連携なのである。」

②古い知識から脱却しなければ企業は滅びる

「1. 飛躍させる方向を与えるコンセプト創造」「2. 体験を先行させて議論する」「3. 具
体化を促進させる象徴的な言葉を使用する」の 3 つがポイントになる。

③アナロジーを使って半自動的にイメージを広げる

「ホンダの渡辺が言うように、「製品コンセプトができてしまえば、もう半分すんだも同然」
なのである。」

計画的に「組織の外」を体験させる

新たな成功の方程式を発見するため、組織の外にある現実を「体験させる」。

社内の古い成功方法に固執してしまう内向きな組織

陳腐化した古い知識

発想が時代遅れに！

社外の現実に触れる体験が、新しい成功方法の発見につながる

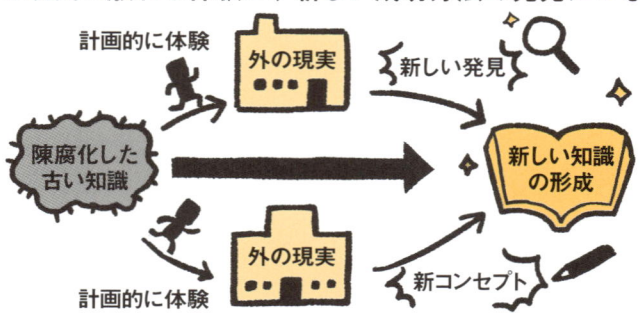

計画的に体験　外の現実　新しい発見

陳腐化した古い知識 → 新しい知識の形成

計画的に体験　外の現実　新コンセプト

実践　過去に成功した組織は、内向きになりがち。計画的に社員に「会社の外」を体験させることで、新たな成功法則を取り込むことが可能になる。

古い知識から脱却しなければ、企業は滅びる

古い知識から脱却するために、
効果的なフックを活用する。

既存の思考ループから離す
ための効果的なフック

思いきった
新コンセプトの創造

新しい未来
これまでと違う
成功の発見

同じ発想の繰り返しに
なってしまう

体験を先行
させて議論する

具体化への
象徴的な言葉

既存の
思考ループ

古い成功法から離れようとするよりも、効果的なフックで議論をするほうが大切。自動的に新たな発想が得られるようになる。

実践

アナロジーを使って半自動的にイメージを広げる

**新たな思考やコンセプト創造には
メタファーやアナロジーが効果的。**

●メタファー（隠喩）　　●アナロジー（類比）

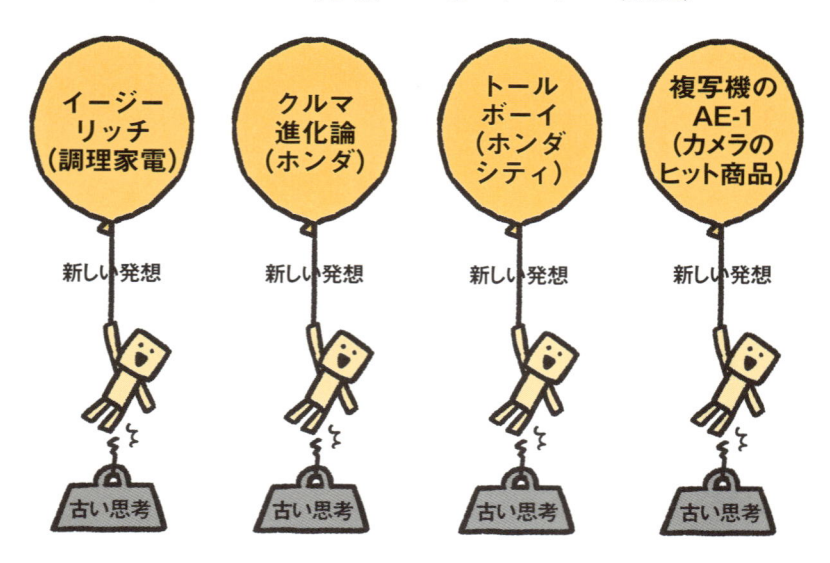

イージー
リッチ
（調理家電）

クルマ
進化論
（ホンダ）

トール
ボーイ
（ホンダ
シティ）

複写機の
AE-1
（カメラの
ヒット商品）

新しい発想　　新しい発想　　新しい発想　　新しい発想

古い思考　　古い思考　　古い思考　　古い思考

大胆なコンセプトで発想を飛躍させて
外の現実体験で絞り込むサイクル。

実践

ある種のメタファー（隠喩）は、イメージを大きく広げてくれる。
大胆なコンセプトをチームに与えることで、発想を飛躍させて
みる。

成果は、市場における
「リーダーシップ」によってもたらされる

ピーター・F・ドラッカー

Peter F.Drucker

考えた人

ピーター・F・ドラッカーは著名な経営哲学者。1909年オーストリア生まれ。1933年に英国に移住、のちに米国に渡る。米クレアモント大学大学院の教授を長く務めた。マネジメントを中心に、膨大な著作を世に残した。

内容

書籍『創造する経営者』は3部構成。第1部は「事業の何たるかを理解する」、第2部は「機会に焦点を合わせる」、第3部は、「事業の業績をあげる」。利益を上げる行動とコストとなる行動を分類して、何を行い、何をやめるべきかの鋭い示唆を与えてくれる。

> 問題ではなく、機会に資源を投じるべき！

成立の経緯

『創造する経営者』の英題名は "Managing for Results"。まえがきには「事業戦略についての世界で最初の本」と述べられている。企業が経済的成果を上げるために、何をすべきかを分析、提示している。

悩み

企業は成果を上げるため、
何に取り組み、何をやめるべきなのだろう……?

答え

何を行うべきか、やめるべきかは、「業績をもたらす領域」「コスト構造分析」「マーケティング分析」「知識分析」の分析でわかる!

この戦略のポイント

①**4つの方向から自社を分析して理解する**

「これら四つの分析を総合して使うことによって初めて、企業のマネジメントは、自社について理解し、診断し、方向づけを行うことができるようになる。」

②**業界における、リーダーシップを獲得する**

「成果は、有能さではなく、市場におけるリーダーシップによってもたらされる」
「市場シェアによってリーダーシップを判断するという通常の方法は、間違いである。シェアが最大でありながら、小さな競争相手よりも利益率がはるかに劣るという例は、たくさんある。」

③**「理想とする企業」「人材」「機会」が事業を成功に導く**

「ほとんど際限のない課題を、管理可能な数にまで減らすことが必要となってくる。そして、稀少な資源を最大の機会と最大の成果に集中することが必要となってくる。少数の適切なことを卓越性をもって行うことが必要となってくる。」

4つの方向から自社を分析して理解する

4つの分析で、自社を理解し、診断し、方向づける。

自社への理解をうながす「4つの分析」

①業績をもたらす領域
- ■製品・市場・流通チャネルの3つ
- ■資源を利益ある活動に使っているか?

②コストセンターとコスト構造の分析
- ■コスト管理の三原則
  1 最大のコスト
  2 種類による管理
  3 活動そのものをやめる

どの分析から始めようかしら

③マーケティング分析
- ■売り手から不合理に見えても、顧客は合理的に行動している

④知識分析
- ■わが社が得意とするものは何か?
- ■成果の上がる領域に知識を集中しているか?

4つの分析は、自社の行動が適切な焦点を持っているかを教えてくれる。成果を生み出す行動に集中できているか、定期的に確認すべきである。

実践

業界における
リーダーシップを獲得する

利益は市場シェアではなく、
リーダーシップが生み出す。

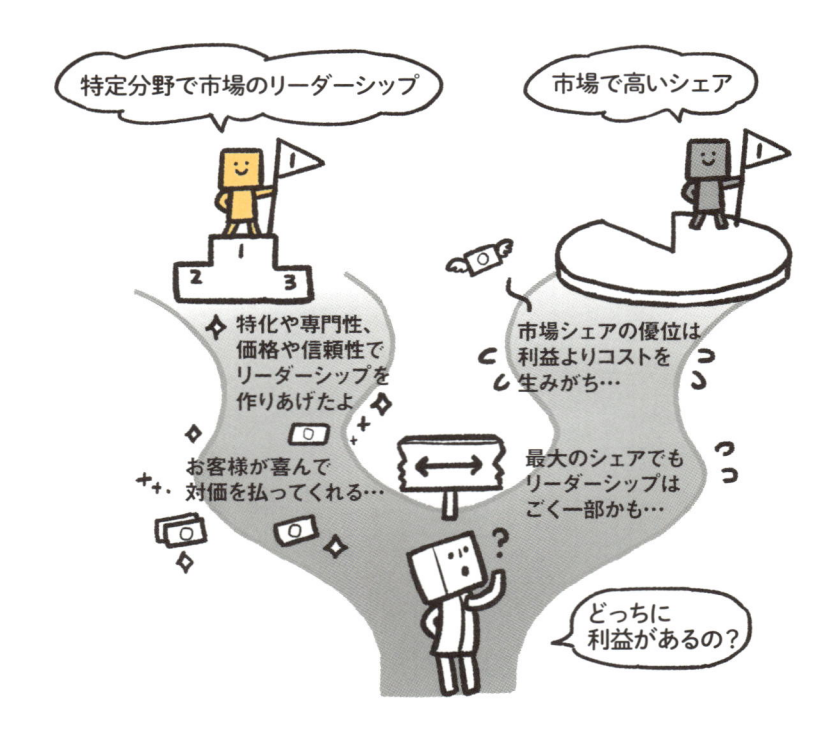

特定分野で市場のリーダーシップ

市場で高いシェア

特化や専門性、
価格や信頼性で
リーダーシップを
作りあげたよ

市場シェアの優位は
利益よりコストを
生みがち…

お客様が喜んで
対価を払ってくれる…

最大のシェアでも
リーダーシップは
ごく一部かも…

どっちに
利益があるの？

実践 他社製品ではなく、あなたの会社の製品を選ぶ理由があることが、利益を生み出す。市場シェアを目標にすると焦点が定まりにくくなる。

「理想とする企業」「人材」「機会」が事業を成功に導く

事業を成功させるための3つの保証済みのアプローチ。

1 理想企業のモデルからスタートする
（例）
理想的な自動車メーカーの姿を再定義したGM

2 人材の最大利用を図る
（例）
ロスチャイルド家の子どもたちと一族の成功

3 機会の最大化を図る
（例）
ジーメンスの電気産業とエジソンの電気会社

多数ある対策の中で、これら3つの方法は成功率が高い！

実践

外れることが少ない計画がある。3つは事業成功の基本的なアプローチであり、実際に成功事例が多い選択である。

イノベーションへの解

「失速する企業」と
「次の飛躍ができる企業」の分かれ道

Solution to innovation

破壊的
イノベーションは
大企業でも
実行可能！

考えた人

書籍『イノベーションへの解 利益ある成長に向けて』は、クレイトン・クリステンセンとマイケル・レイナーの共著。クリステンセンはハーバード・ビジネススクールの教授で世界的なヒット『イノベーションのジレンマ』の著者であり、本書はその続編にあたる。

成立の経緯

アマゾン創業者のジェフ・ベゾスにも大きな影響を与えたクリステンセンの前著『イノベーションのジレンマ』では、破壊的イノベーションが優良企業まで追い落とすことを指摘。本書では、破壊的イノベーションを、どうすれば私たちが計画・創造できるかを分析し、解説している。

内容

全10章。1章「成長という至上命令」、2章「最強の競合企業を打ち負かす方法」、3章「顧客が求める製品とは」、4章「自社製品にとって最高の顧客とは」、5章「事業範囲を適切に定める」ほか。

悩み

なぜ大企業や優良企業ほど、
破壊的なイノベーションができないのか？

答え

大企業ほど、既存客の上位市場に魅力を感じるから。
新興企業は、ローエンドや新市場で力をつけてから
上位市場を侵食し始めるので強い！

この戦略のポイント

①企業の古い思考体系がイノベーションを妨げる

「中間管理職はそれぞれのアイデアが対象とする市場の規模と潜在成長力を、信憑性のあるデータで裏付けることを、制度上求められる。」

②破壊的イノベーションが市場の起爆剤となる

「破壊的イノベーションは、確立した市場の既存顧客により良い製品を提供する試みではない。」「業界の現リーダーが持続的イノベーションの戦いではほぼ必ず勝利を収める一方で、破壊的イノベーションでの勝算は新規参入企業が圧倒的に高いのだ。」

③勝利のカギは新たな顧客を巻き込む力

「顧客は用事を片付けなければならないことに気付くと、その用事を片づけるために「雇える」製品やサービスがないものかと探し回る。」「顧客が置かれている状況に絞る企業が、狙い通り成功する製品を導入できる企業である。」

企業の古い思考体系が
イノベーションを妨げる

破壊的イノベーションを阻害するのは
企業の古い思考体系である。

大企業の社内選別プロセスの圧力

前例は？

市場規模は？

既存顧客に売れるか？

模倣的な
イノベーションへ
引っ張られる！

業界リーダーが陥る罠（非対称的モチベーション）

参入が楽で
チャンスあり

下位と新市場は
おいしくないな

ベンチャー

破壊者が好む
新市場

破壊者が好む
ローエンド市場

ベンチャー

チャンスだ！　逆転は
ローエンドから始まるよ！

大手

こちらへ行こう！
魅力的な
ターゲットだから

上場市場
ハイエンド製品
高い利益

行き止まり

実践　高価格・高品質の製品への移行は、行き止まりになる可能
性を持つ。新市場やローエンド市場にも注目すべきである。

破壊的イノベーションが市場の起爆剤となる

成長事業へは「3つのアプローチ」がある。

持続的イノベーション	ローエンド型破壊的イノベーション	新市場型破壊的イノベーション
要求の厳しい顧客のニーズに応える性能を向上	市場のローエンドで十分に満足できる性能	従来は価格やスキルの関係で購入していなかった人の市場

上位市場は魅力的だが行き止まりになる可能性がある！

2つの破壊型は長期的に市場を激変させるポテンシャルがあるんだ！

実践

低価格やローエンド市場は、販売が増えるにしたがって性能向上が起こり、市場全体を飲み込むイノベーションとなる可能性を持つ。

勝利のカギは
新たな顧客を巻き込む力

顧客が片づけたい用事に注目せよ!

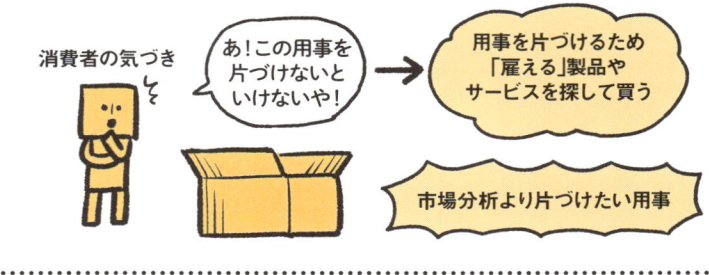

消費者の気づき

あ!この用事を
片づけないと
いけないや!

用事を片づけるため
「雇える」製品や
サービスを探して買う

市場分析より片づけたい用事

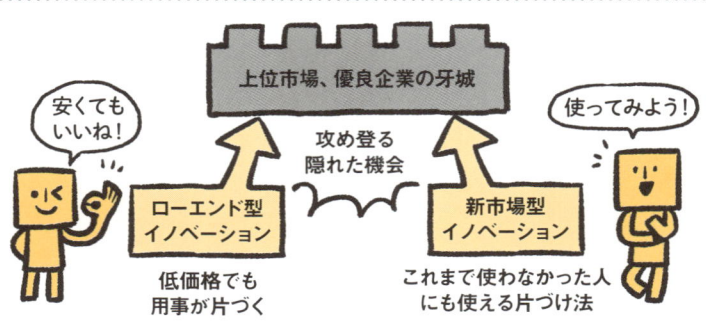

安くても
いいね!

上位市場、優良企業の牙城

攻め登る
隠れた機会

使ってみよう!

ローエンド型
イノベーション

新市場型
イノベーション

低価格でも
用事が片づく

これまで使わなかった人
にも使える片づけ法

実践　顧客は特定の製品を買いたいわけではなく、面倒な用事を片
づけてくれるものを求めている。別のモノでそれが満たされる
なら、買い手は移行する。

イノベーションは爆発だ！

私たちがよく知る**イノベーター**と言えば…

「無茶ぶり経営者」としても有名だったスティーブ・ジョブズ

やり直しは明日まで♡

冗談だろ？明日までだ！

明日!?

アイデア1000本ノック

1000のことに「NO!」って言うのがイノベーションだよね！

テヘペロ★

ヒィィィ…！

美しく機能的なアップル製品を次々に開発していったジョブズ

MacBook

iPad

iPhone

ほかの業界からアイデアを取り入れればいいんでしょ？

まさに **イノベーション!!**

彼はさまざまな業界の商習慣をコンピューター業界に取り入れたのだ！

映画業界 → 音楽のデジタル配信

ハイブランドファッション → 直販体制 美しい製品 店舗の設計

全っ然…ちがーう!!

天才ゾーン

凡人ゾーン

ビシッ

がーんなんじゃん

凡人と天才 戦略家を分けるのは驚くべき**勇気と大胆さ**なのである!!

もちろん余も天才である！

ナポレオンの名言。最悪の策とは臆病な策である。

ごめんなさーい！

ナポレオンだ！

Senryaku

26

独占的なポジションこそが、利益の源泉

ゼロ・トゥ・ワン

ZERO to ONE

小さな市場を
計画的に狙い、
独占的な利益を得よ！

成立の経緯

本書『ゼロ・トゥ・ワン
君はゼロから何を生み出せ
るか』は、ピーター・ティー
ルとブレイク・マスターズの
共著。ティールが 2012 年
にスタンフォード大学で行っ
た起業の授業が元になって
いる。従来の仕事の外に、
大きな可能性があることを学
生に伝えた内容で、本人が
加筆修正をしたことで本書と
なった。

考えた人

ピーター・ティールは 1998 年
に決済サービスの **PayPal**
を創業。2002 年に eBay
に 15 億ドルで同社を売却。
投資家としても世界的に知
られ、**Facebook** 初 の 外
部投資家となるなど、先進
的なスタートアップに投資し
ている。

内容

書籍『ゼロ・トゥ・ワン
君はゼロから何を生み出せ
るか』は 14 章の構成。1
章「僕たちは未来を創るこ
とができるか」、4 章「イデ
オロギーとしての競争」、5
章「終盤を制する」、10
章「マフィアの力学」、14
章「創業者のパラドックス」
ほか。

悩み

無数のスタートアップ企業の中で、なぜごく一部だけが
巨大な成功を収めるのだろう……?

答え

小さな市場を最初に狙い、「独占」に成功して利益
を得てから拡大することが、大きな成功には欠かせ
ない!

この戦略のポイント

①「独占」こそが利益を生み出す

「完全競争下では長期的に利益を出す企業は存在しない。」「永続的な価値を創造して
それを取り込むためには、差別化のないコモディティ・ビジネスを行なってはならない。」

②独占企業となるには4つの特徴を備える

「1. プロプライエタリ・テクノロジー（重要かつ非公開の優越的な技術を持つこと)」「2.
ネットワーク効果」「3. 規模の経済が働く仕組みが組み込まれていること」「4. ブランディ
ングがうまいこと」が独占企業となれる会社の特徴。

③「独占してから拡大」が基本

「何よりも先に終盤を学べ。」「君が最初の参入者になっても、ライバルがやってきてその
座を奪われたら意味がない。」「特定の市場でいちばん最後に大きく発展して、その後何
年、何十年と独占利益を享受する方がいいということだ。」

「独占」こそが
大きな利益を生み出す

利益は競争ではなく、
独占から生まれる。

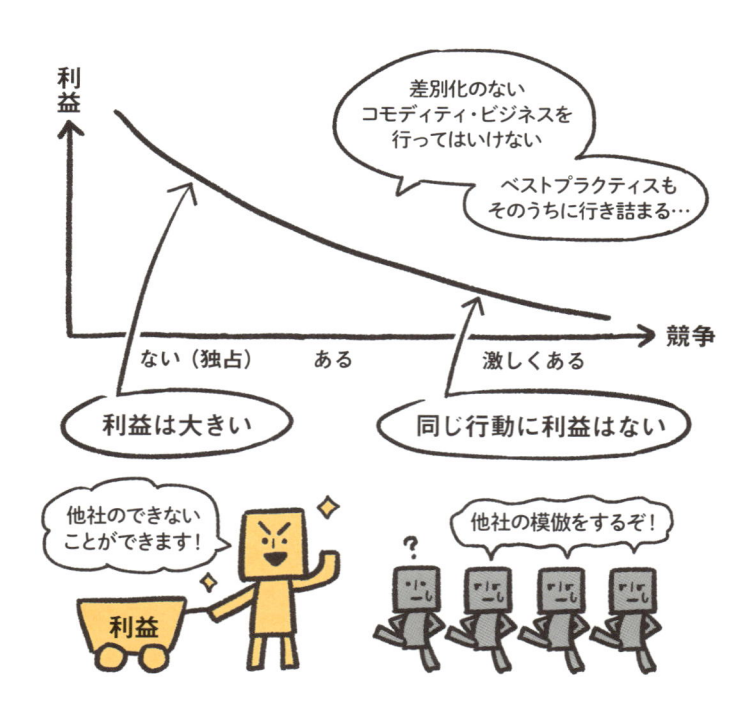

利（利益）

差別化のない
コモディティ・ビジネスを
行ってはいけない

ベストプラクティスも
そのうちに行き詰まる…

競争

ない（独占）　　ある　　激しくある

利益は大きい

同じ行動に利益はない

他社のできない
ことができます！

利益

他社の模倣をするぞ！

?

実践　簡単だからと言って、誰もができるビジネスを始めてはいけない。利益は常に、独占的なポジションから生まれるためである。

独占企業となるには4つの特徴を備える

独占企業には4つの特徴がある。

1. プロプライエタリー テクノロジー
非公開の重要技術を持ち、優位性を強固にしている

2. ネットワーク効果
利用者の数が増えるほど利便性が高まる

独占企業

3. 規模の経済
規模が拡大するほど固定費の割合が低くなる構造を持つ

4. ブランディング
ブランドは認知されると独占への強い手段となる

価値のある企業になるには成長するだけでなく存続しなければならない

効果的な独占を実現する企業には、4つの基本的な特徴がある。4つは高い利益と成長を両立させる基礎となる。

実践

「独占してから拡大」が基本

成長のため、
まずは小さく始めて独占せよ。

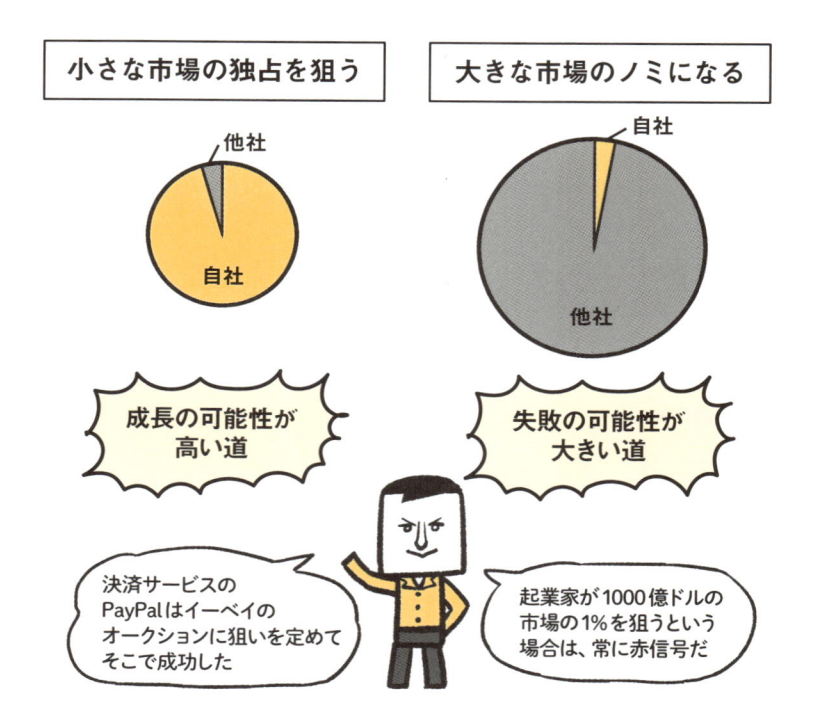

小さな市場の独占を狙う

他社
自社

大きな市場のノミになる

自社
他社

成長の可能性が
高い道

失敗の可能性が
大きい道

決済サービスの
PayPalはイーベイの
オークションに狙いを定めて
そこで成功した

起業家が1000億ドルの
市場の1%を狙うという
場合は、常に赤信号だ

実践 どんな企業でも最初から巨大市場を独占はできない。小さな
市場に狙いを定めて独占し、やがてポジションを拡大していく
ことが望ましい。

イノベーションを
起こして市場を
変えろ！

第7章

IT時代
の
戦略

テクノロジーの発展で、
力を持つ者の形は激変してきました。
当然、戦略もITを用いたものが
中心になってきます。
ここでは、新時代の「最新の戦略」を
紹介していきます。

「深化」と「探索」を同時に行うことが繁栄を生み出す

両利きの経営

Ambidextrous management

「深化」と
「探索」を
同時に行え！

成立の経緯

オライリーたちが感じた「成功している事業が変革をするのは、なぜ難しいのか？」という問いへの答えが本書となった。変化に直面してリーダーがどう行動すべきかを、多数の事例と洞察から導いている。

考えた人

書籍『両利きの経営』はチャールズ・A・オライリーとマイケル・L・タッシュマンの共著。オライリーはスタンフォード大学経営大学院教授、タッシュマンはハーバード・ビジネススクール教授。両者ともに実業界でのビジネスコンサルティング経験も豊富に持つ。

内容

書籍『両利きの経営』は、大きく3章で構成されている。「1. 基礎編—破壊にさらされる中でリードする」「2. 両利きの実践—イノベーションのジレンマを解決する」「3. 飛躍する—両利きの経営を徹底させる」。

～～～～～～～～～～～～～

悩み

成熟した組織が、次の時代の変化に乗ることは可能……?

～～～～～～～～～～～～～

答え

「深化」と「探索」を両立すれば可能。
既存の組織リソースを、障壁にならない形で新事業
に注ぎ込めるなら、勝ち組になれる!

この戦略のポイント

①過去の思考にとらわれると敗者になる

「ブロックバスターがやがて重要性を持たなくなるゲームに勝つために注力していたことが見て取れる。」「フィルムや写真にこだわったがために、衰退市場から抜け出せなかったのだ。」

②社内ベンチャーは大企業の資源を活用せよ

「両利きの経営の真の優位性は、新参者の競合他社が持っていない、あるいは、新たに開発しないといけない資産や組織能力を使って、ベンチャーが有利なスタートを切れるところにある。」

③リーダー1人の手柄ではなく「企業文化の力」にする

「1. 探索ユニットが大組織の資産を活用でき、それが競争優位につながった」「2. 新規事業と成熟事業の間のインターフェイスを管理して、必ず起こってしまう対立を解決すること。」「3. 探索ユニットを大組織から分離させること。」「(弱みは) その成果がプロセスよりも、むしろ属人的努力の賜物であること。」

過去の思考にとらわれると敗者になる

成功している企業がサクセストラップにはまる。

今まで積み上げてきたものがいちばん大事だ！これがいちばん得意なことだからね

数年後にはその市場は消えているかもよ？

近い将来重要性がなくなるゲーム

成功した大企業

衰退市場でのビジネス

新技術と新しい市場

過去の技術と古い優位性

手に持っている新技術と新しいチャンスは活用しないの？

成功体験を手放せなくなった企業は、古い思考にとらわれ、成長のチャンスを逃す。

実践

成功している企業は、過去の栄光があるゆえに、自分たちの既知のビジネスにしがみつく。結果として機会を持ちながら衰退してしまう。

社内ベンチャーは大企業の資源を活用せよ

両利きの経営の真の優位性は既存の資源の活用法にある。

間違った両利き

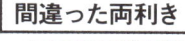

あれ？大企業のリソースがないとただの弱小だね。

全然怖くないや

ひとりぼっちで困った！

君は君でやってみたら？

営業力

技術力

資金力

ほかのベンチャー　　社内ベンチャー　　大企業　　巨大なリソース

正しい両利き

新しいチャンスに、自社のリソースを最大限使うために調整しよう

営業力

技術力

資金力

うわ！
巨大企業の力があるベンチャーだ！

逃げないとやられてしまう！

大企業　　巨大なリソース　社内ベンチャー　　ほかのベンチャー

両利きの経営は、深化と探索を両立させることだが、真の優位性は大企業のリソースを新規事業に最大限活用することにある。

実践

リーダー1人の手柄ではなく「企業文化の力」にする

両利きの経営における「3つの強み」と「1つの弱み」

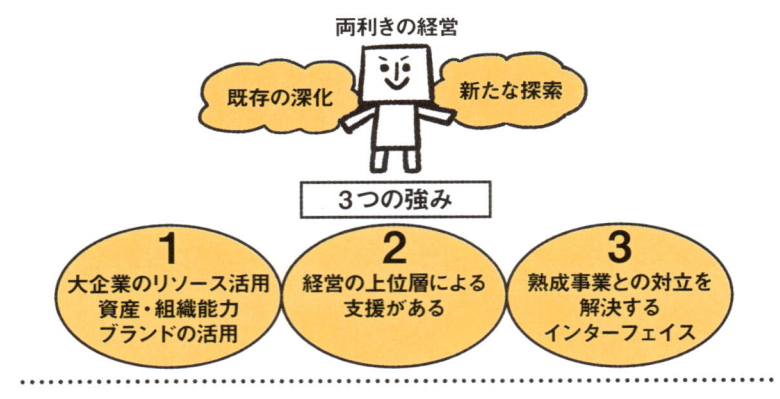

両利きの経営

既存の深化　新たな探索

3つの強み

1	2	3
大企業のリソース活用 資産・組織能力 ブランドの活用	経営の上位層による 支援がある	熟成事業との対立を 解決する インターフェイス

弱み (危険性)

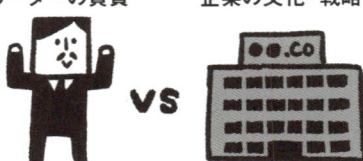

リーダーの資質　　企業の文化・戦略

VS

両利きの経営はリーダー個人の能力だと思われがち

実践　両利きの経営は、社内リソースの戦略的な調整能力だが、リーダー個人の資質とされてしまいがちである。

過去のビジネスモデルを凌駕する力を加速させよ

プラットフォーム・レボリューション

Platform Revolution

従来のビジネスにはない成長力＆破壊力！

考えた人

書籍『プラットフォーム・レボリューション』は、米 MIT（マサチューセッツ工科大学）の研究者 3 名（ジェフリー・G・パーカー、マーシャル・W・ヴァン・アルスタイン、サンジート・ポール・チョーダーリー）による共著。サンジートは MIT プラットフォーム戦略グループの共同議長。ほか 2 名は MIT のデジタル・エコノミー・イニシアチブの客員研究員。

成立の経緯

本書では、旧来のビジネスを凌駕する破壊力を秘めているプラットフォームの成長性について触れ、構造から詳しく解説している。またプラットフォーム・ビジネスを加速させる要因、競合状態における対策など、戦略的かつ実践的な要素が多い。

内容

全 12 章の本書は、この分野の最先端の研究者の知見を集めた 1 冊となっている。

悩み

従来のビジネスをはるかに超える成長がしたい‼

答え

プラットフォーム・ビジネスには成長への足かせ要素がないので、爆発的に成長できる！

この戦略のポイント

①「4つの形」で価値を生み出す

「プラットフォームは、ゲートキーパーを排除し、より効率的に大規模化できるので、パイプラインを打ち負かす。」「未利用であった潜在的な供給の力を、今や供給財として解き放ち、それらを最大限に役立つように活用するのである。」

②成長を急加速させる「2つの相乗効果」

「ウーバーの場合、市場の2つのサイドが介在する。つまり、利用者が運転手を引き付け、かつ運転手が利用者を引き付けるのだ。」

③プラットフォームの影響で今後も産業破壊が進む

「筆者たちは、プラットフォームによる産業破壊に関する研究の中で、特に影響を受けやすくなる特定産業の特徴に気づき始めた。」「情報集約型の産業」「非スケーラブルなゲートキーパーを抱えている産業」「非常に分散した産業」「過度に情報の非対称性が見られる産業」

「4つの形」で
価値を生み出す

プラットフォームが生み出す価値の4形態で、潜在的な供給の力が実際の供給源となる。

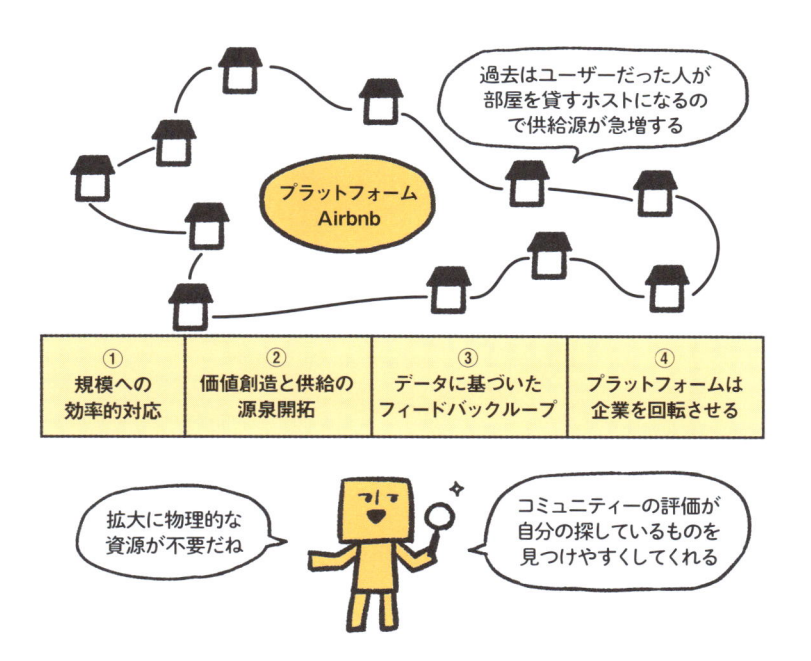

過去はユーザーだった人が部屋を貸すホストになるので供給源が急増する

プラットフォーム
Airbnb

① 規模への 効率的対応	② 価値創造と供給の 源泉開拓	③ データに基づいた フィードバックループ	④ プラットフォームは 企業を回転させる

拡大に物理的な資源が不要だね

コミュニティーの評価が自分の探しているものを見つけやすくしてくれる

プラットフォームは参加者を増やすため、資本が不要などの重要な利点がある。拡大に物理的な資源を必要としないメリットは大きい。

実践

成長を急加速させる
「2つの相乗効果」

「ツーサイド・ネットワーク効果」によって
加速が加速を生む。

加速が次の加速を生み出す

| 家や部屋を供給するホストの増加 | プラットフォームAirbnbの場合 | Airbnbで宿泊予約する人の増加 |

一方が増えると
もう一方の魅力も
増しているんだ

しかも規模の拡大は情報のみで
物理的な資源は不要だから
成長は急加速するね

実践　プラットフォームの利用者が増えれば、出品者も増える好循環が生まれる。これを「ツーサイド・ネットワーク効果」と呼ぶ。

プラットフォームの影響で今後も産業の破壊が進む

プラットフォームによる次の産業破壊の波がくる可能性が高い。

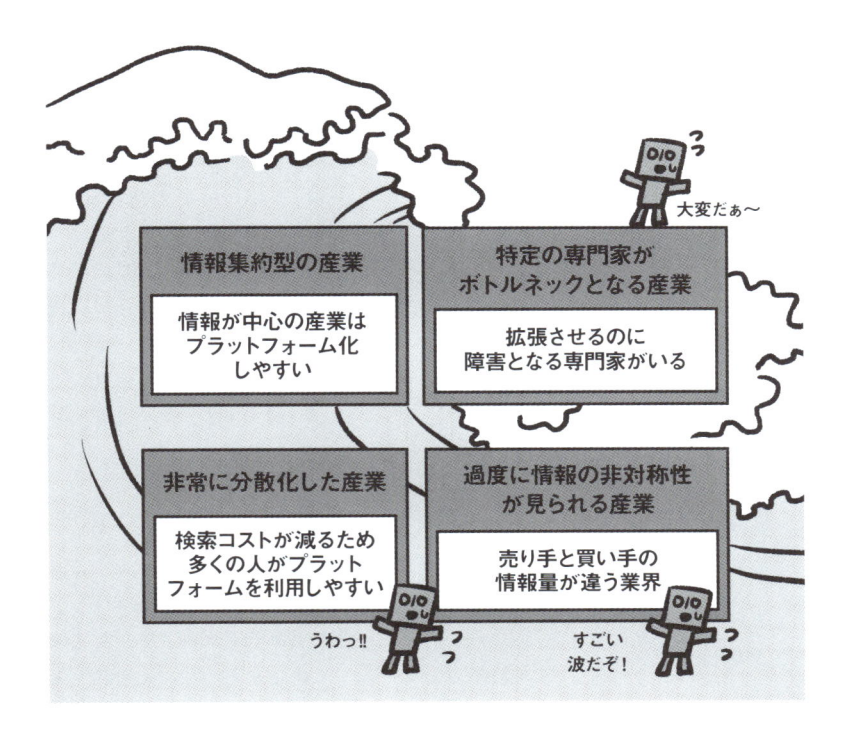

大変だぁ〜

情報集約型の産業	特定の専門家がボトルネックとなる産業
情報が中心の産業はプラットフォーム化しやすい	拡張させるのに障害となる専門家がいる

非常に分散化した産業	過度に情報の非対称性が見られる産業
検索コストが減るため多くの人がプラットフォームを利用しやすい	売り手と買い手の情報量が違う業界

うわっ!!

すごい波だぞ!

実践

プラットフォームビジネスの影響は、これからますます広がる。情報の非対称性や分散など、当たり前の光景が変化に飲み込まれる。

新たな情報が増えるたび、人の行動様式は変化する

情報の文明学
Information civilization

「モノ」よりも
「情報」の時代が
やってくる！

成立の経緯

梅棹氏は、工業化社会の次に、情報化社会が到来すると指摘。この変化は、モノから精神世界への転換であり、次の時代の特徴として「情報産業」の台頭をも予言していた。

考えた人

梅棹忠夫氏は、1920年生まれ。京都大学名誉教授、理学博士。文化人類学、情報学、未来学などの分野で多数の著作を残す。国立民族学博物館の初代館長。2010年死去。著書の『情報の文明学』は1988年初版。

内容

書籍『情報の文明学』は、まえがきのほか、3部の構成。以下主な小タイトルを抜粋。第1部「情報産業論」「精神産業時代への予感」、第2部「情報産業論再説」「実践的情報産業論」、第3部「情報の文明学」「情報の考現学」など。

～～～～～～～～～～～～～～～

悩み

情報産業、そして情報化社会とは一体何なのか？
私たちは、何に備えたらいいのか……。

～～～～～～～～～～～～～～～

答え

↓

これまで存在しなかったビックデータのような情報が出現
したことにより、人の行動様式がどんどん変化するの
が、情報化社会だ！

この戦略のポイント

①情報こそ人の行動を支配する力

「わたしたち人間は、ある情報を得ることによって、次にとるべき行動をきめる。情報が行
動に影響を与えるのである。これが情報というもののもつプラグマティックな意味である。」

②人は「モノ」を通じて「情報」を買っている

「最近は「何県何農協のコシヒカリ」と指定しなければならなくなってきている。こういう
現象を流通関係者は、農産物のファッション化とよんでいるが、要するにこれは、情報化
あるいは情報産業化ということである。」

③新たな情報が生まれる時代は、人の行動が激変する

情報によって人が動く社会では、新しい形の情報が生まれることで、人の行動も激変する。
新たな情報の形を作るなら、社会の姿を変える影響を生み出せる。

情報こそ人の行動を支配する力

人が受け取る情報をコントロールできれば、人の行動もコントロールできる。

しかし、何を情報とするかは受け手が決めている

世界にあふれるもののうち、何を情報とするかは受け手による。もし受け取る情報を操られると人は動かされてしまう。

人は情報で次の行動を決めている。ならば効果的に情報を提供する者が、多くの消費者を動かすことになる。

人は「モノ」を通じて「情報」を買っている

現代では、「モノ」は情報化されて購入されている。

米A　米B　米C　コシヒカリ ○県産 減農薬

農産物でさえ、
情報時代には
情報によって
購入されている。

あっ！
このお米が
買いたい！

情報化社会では、動くのは情報であって、
モノはそれに引きずられている。

ネットショッピングでも人はモノには触れず、書かれている情報で購入する。人は情報を購入しており、モノはそのあとで動き出す。

実践

新たな情報が生まれる時代は、人の行動が激変する

過去になかった新情報の出現が人々の生活様式を変えつつある。

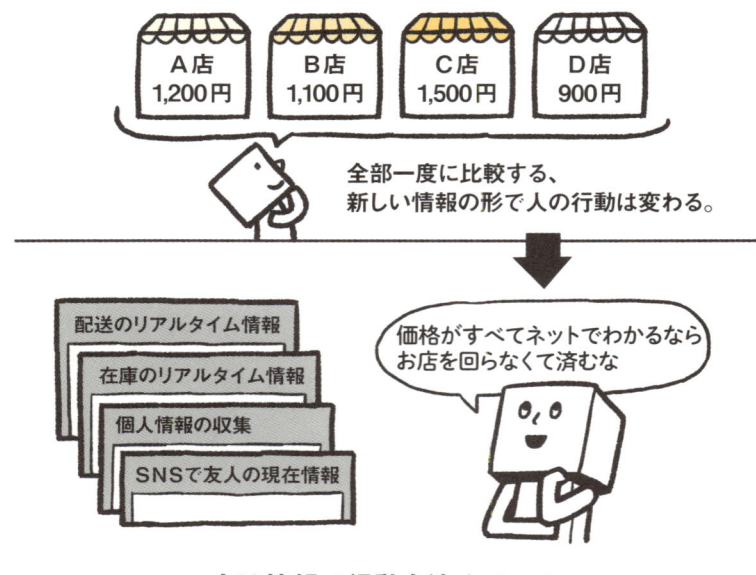

A店
1,200円

B店
1,100円

C店
1,500円

D店
900円

全部一度に比較する、
新しい情報の形で人の行動は変わる。

配送のリアルタイム情報

在庫のリアルタイム情報

個人情報の収集

SNSで友人の現在情報

価格がすべてネットでわかるなら
お店を回らなくて済むな

人は情報で行動を決めている。
したがって、新しい情報の形が生まれると、
人々の行動が大きく変化する。

実践 現代で人の行動が大きく変わるのは、新しい情報の形が次々と生み出されているからである。新しい形の情報を生み出せば、市場を激変させることもできる。

「圧倒的な支配力」の背後にある戦略とは

GAFA

GAFA

考えた人

スコット・ギャロウェイは、ニューヨーク大学スターン経営大学院教授。連続起業家として9つの会社を起こし、ニューヨーク・タイムズやゲートウェイ・コンピュータなどの役員も歴任。大学教授としても世界的な知名度を持つ。

内容

書籍『the four GAFA 四騎士が創り変えた世界』は、全11章。第5章までは GAFA 各社を分析、第6章から第8章までは GAFA の共通項をあぶり出し、第9章以降は GAFA 以後の世界を予測する。

GAFAは、新たな世界の価値を最初に見抜いた！

成立の経緯

『the four GAFA 四騎士が創り変えた世界』著者のギャロウェイは、神話に覆われた現代の支配的な4企業GAFA（Google、Apple、Facebook、Amazon）の全容を多角的に分析して記述。一方で、4企業のビジネスがあまりに支配力を持つために、その新たな技術支配が社会を寡占者と無力な大衆の社会に変容させる危険にも警鐘を鳴らしている。

悩み

「四騎士 GAFA」 の支配力がすごい……。
なぜあの 4 企業は、 圧倒的な支配力を発揮できたのか？

答え

姿を現しつつある支配的な力学の真価を、 もっとも
よいタイミングで見抜いたのが GAFA!

この戦略のポイント

①一般的な成功法則を当てはめないこと

「アマゾンの隆盛の要因は、私たちの本能に訴える力にある。もう1つはシンプルで明確なストーリーである。」「テクノロジー企業から高級ブランドへ転換するというジョブズの決定は、ビジネス史上、とりわけ重要な―そして価値を創造した―見識だった。」

②イノベーターではなく「支配者」になれ

「ある業界のパイオニアが、うしろから撃たれることはよくある。四騎士たちもまた後発組だ（中略）。彼らは先行者の死骸をあさって情報を集め、間違いから学び、資産を買い上げ、顧客を奪って成長した。」

③GAFAの成功を後押しした「8つの遺伝子」

「1. 商品の差別化」「2. ビジョンへの投資」「3. 世界展開」「4. 高感度」「5. 垂直統合」「6. AI 」「7. キャリアの箔づけ」「8. 地の利」の 8 つが成功を後押しした。

G
A
F
A

この戦略の POINT1

一般的な成功法則を
当てはめないこと

予想外の成功要因を持つ
GAFAに一般論は通用しない。

アマゾン
- レビューが広告の代わり
- 物を集めたがる人間の本能
- ★★★★★
- 低利での巨額資金の利用

アップル
- 直販による流通と顧客体験の支配力
- 高級ブランドのマーケティングで異性へのセクシーさを発揮

フェイスブック
- ユーザーが増えるほど価値が高まる
- 他人とつながることは人間の基本的な欲求
- メディアではなくプラットフォームという主張
- 個人情報という石油

グーグル
- 信頼を重視したマーケティング
- 情報を得たいという人間の性質
- 打倒マイクロソフトの意志を持つエリック・シュミットのCEO就任

一般的に思われている成功の理由とGAFAは違う側面で勝っているのだ！

実践

四騎士の成功は誰も予想しなかった「成功理由」にあり、各社オリジナリティのある価値を創り出していった。

イノベーターではなく
「支配者」になれ

GAFAは
最初のイノベーターではない!?

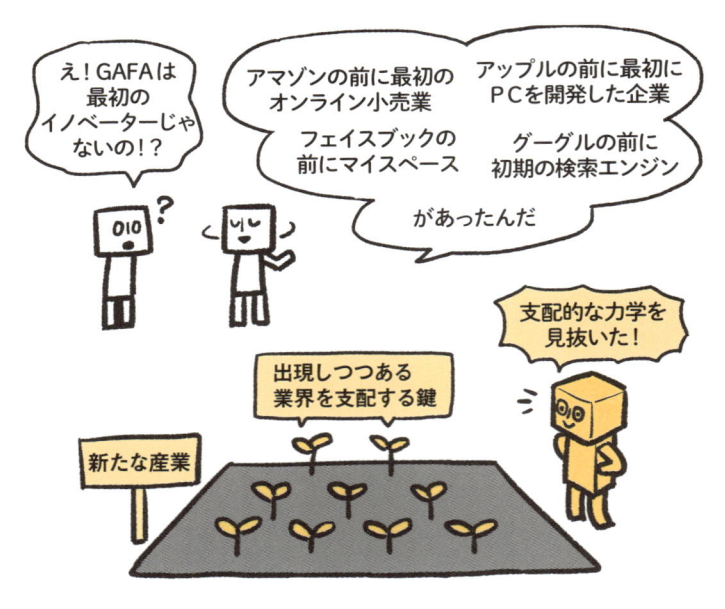

え！GAFAは
最初の
イノベーターじゃ
ないの!?

アマゾンの前に最初の
オンライン小売業

アップルの前に最初に
PCを開発した企業

フェイスブックの
前にマイスペース

グーグルの前に
初期の検索エンジン

があったんだ

支配的な力学を
見抜いた！

出現しつつある
業界を支配する鍵

新たな産業

巨大な勝者のGAFAは最初のイノベーターではなく、
実は後発組だったが、
「支配的な力学」を最初に見抜いた者だった。

実践

成功者になるためにはイノベーターになる必要はなく、動き始
めた大きなうねりの萌芽を見抜き、誰よりも早く支配的な力学
を見抜くべきだ。

GAFAの成功を後押しした 8つの遺伝子

四騎士には共通する
「8つの要素」がある。

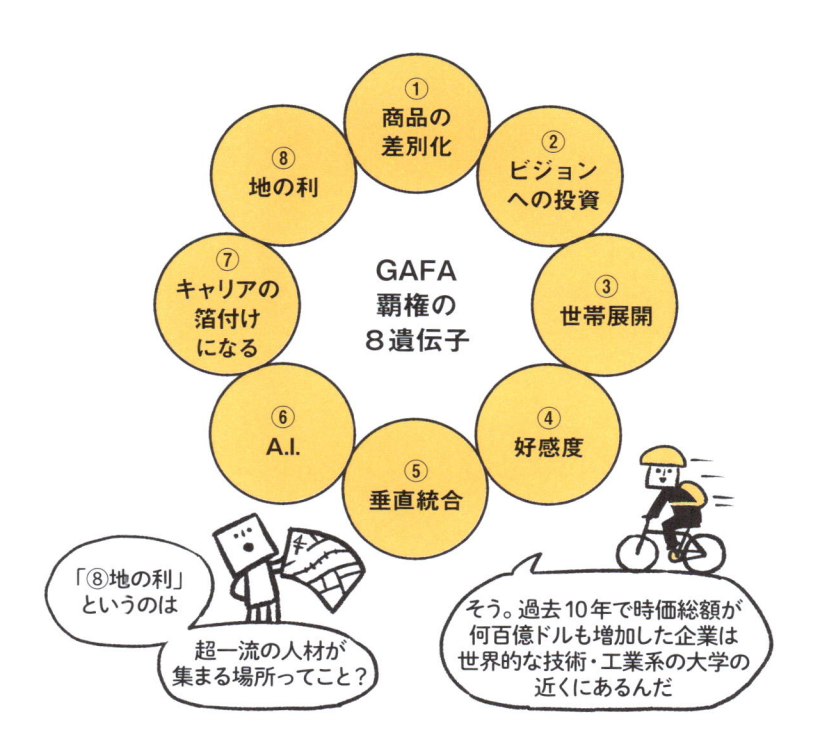

- ① 商品の差別化
- ② ビジョンへの投資
- ③ 世帯展開
- ④ 好感度
- ⑤ 垂直統合
- ⑥ A.I.
- ⑦ キャリアの箔付けになる
- ⑧ 地の利

GAFA覇権の8遺伝子

「⑧地の利」というのは超一流の人材が集まる場所ってこと?

そう。過去10年で時価総額が何百億ドルも増加した企業は世界的な技術・工業系の大学の近くにあるんだ

巨大な成功を収めた企業には、8つの共通する遺伝子がある。

実践

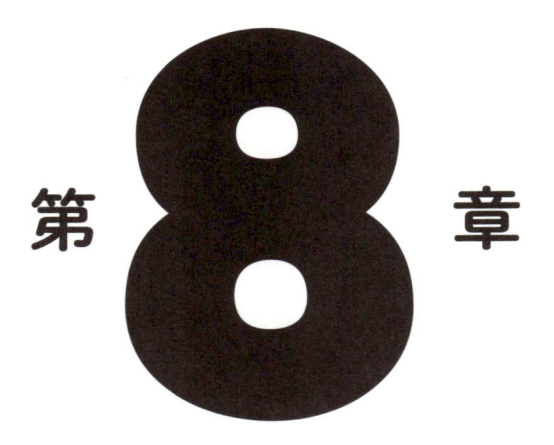

Senryaku

第 **8** 章

戦争戦史

さまざまな「戦争の歴史」の中で、
名将や優れた知略は生まれてきました。
戦いの歴史の中でも
特に「すごい戦い」を追いながら、
そこで使われた戦略を解説します。

現実的な理想主義、技術吸収意欲のかたまり

ピョートル1世

Pyotr Alekseevich I

> 自ら足を運び、
> 優れた知識・技術を
> とことん吸収せよ!

成立の経緯

ピョートル1世は、1682年にわずか10歳で即位するが、異母兄弟の姉とその一族によるクーデター的な争いから権力を一時奪われていた。半ば幽閉生活の中で、外国人の軍人などから知識を得て、兵隊で模擬戦を行う遊びを10代から続けており、軍事的才覚を高め、旺盛な知識欲により、祖国の改革も推し進めた。

考えた人

1672年生まれ。ロシアの初代皇帝。スウェーデンのカール12世と大北方戦争を続け、最終的に勝利した。文化・技術に極めて強い好奇心があり、ロシアを欧州の強国にのし上げる改革を成し遂げた。2メートルを超える長身だったという。

内容

知識欲旺盛で、軍事・科学などをどん欲に吸収したが、姉にクーデターを起こされ、最初の戦争でスウェーデンの神童カール12世に敗れるなど、早い段階で「屈辱と失敗」を体験した。そのため、「現実主義」を忘れなかった。

悩み

技術に遅れ、古い因習が残る自国。
敵対するライバル国に、どう勝利したらよいのか……。

答え

因習は捨て、軍事や技術など現実的な道具を最新にする。さらに優れた人物を自ら抜擢し、広い視野から勝利につながる要素をそろえよ！

この戦略のポイント

①屈辱や敗北を知る者こそ「真の勝者」になれる

戦争において、2つの国を同時に敵に回すことは常に避けた。一方で神童と呼ばれて18歳から戦争指揮をとったスウェーデンのカール12世は、自らが戦争に勝てるため、敵国の数が増えても気にせず、後半は苦境に陥り最後は暗殺された。

②新時代の「勝者の条件」を見抜く広い視野を持つ

北方の強国スウェーデンに勝利した理由に、ピョートル1世が海軍を創設したことがある。彼は造船の最新技術を求めて、イギリスまで大視察団を組織して、自分も参加。またスウェーデンと戦端を開く前に、対スウェーデン同盟を結成している。

③トップの「異常な行動力」が大躍進を生み出す

10代半ばから、外国人街の軍人たちから、海外の最新軍事学を学び、外国の技術や職人が持つ、最先端の技能に目を開いていた。この開明さが、姉の支配を圧倒した理由。

屈辱や敗北を知る者こそ
「真の勝者」になれる

屈辱や敗北を最初に体験したことで、
現実重視の姿勢を身に着けた。

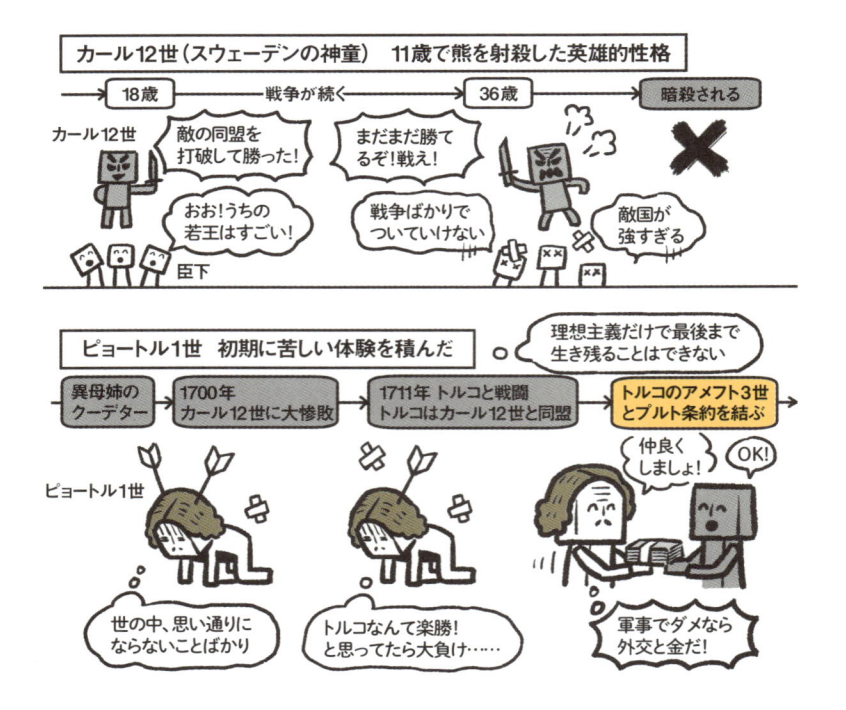

カール12世（スウェーデンの神童）　11歳で熊を射殺した英雄的性格

18歳　──戦争が続く──　36歳　暗殺される

カール12世

敵の同盟を
打破して勝った！

まだまだ勝て
るぞ！戦え！

おお！うちの
若王はすごい！

戦争ばかりで
ついていけない

敵国が
強すぎる

臣下

ピョートル1世　初期に苦しい体験を積んだ

理想主義だけで最後まで
生き残ることはできない

異母姉の
クーデター　→　1700年
カール12世に大惨敗　→　1711年 トルコと戦闘
トルコはカール12世と同盟　→　トルコのアメフト3世
とプルト条約を結ぶ

ピョートル1世

世の中、思い通りに
ならないことばかり

トルコなんて楽勝！
と思ってたら大負け……

仲良く
しましょ！　OK！

軍事でダメなら
外交と金だ！

実践　初期の失敗を経験して、問題への対処に多面的な思考をすることができた。成功ばかりの人物は、苦境に案外もろい。

新時代の「勝者の条件」を見抜く広い視野を持つ

勝利に必要な要素を俯瞰的にとらえた。

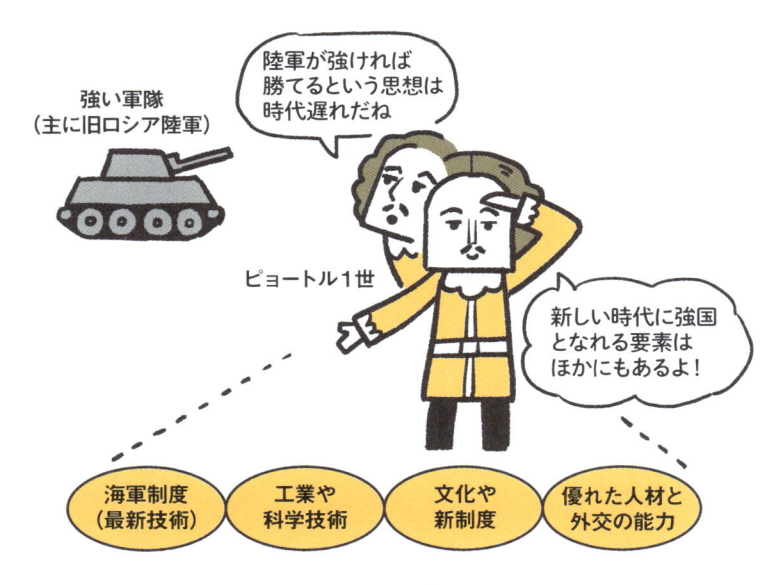

強い軍隊
（主に旧ロシア陸軍）

陸軍が強ければ
勝てるという思想は
時代遅れだね

ピョートル1世

新しい時代に強国
となれる要素は
ほかにもあるよ！

| 海軍制度（最新技術） | 工業や科学技術 | 文化や新制度 | 優れた人材と外交の能力 |

ピョートル1世は広い視野で
次の時代に必要なものを吸収した。

次の時代になれば、勝者の条件も変わる。強い陸軍がある
だけではダメだという俯瞰的な思考が、ロシアに大きな飛躍
をもたらした。

実践

トップの「異常な行動力」が大躍進を生み出す

軍事・科学技術・文化など、学びたい対象があれば、自分が現場に率先して向かった。

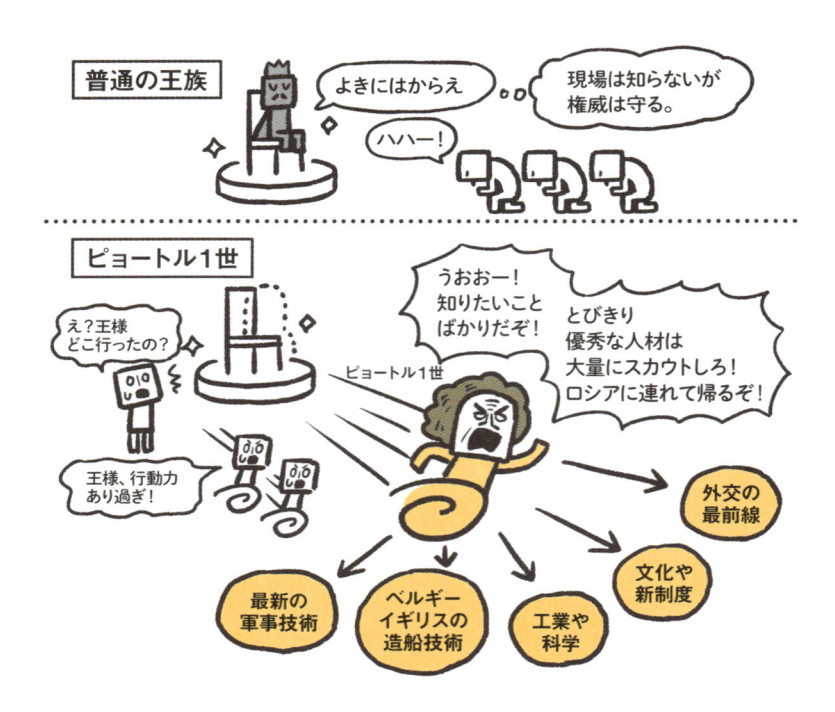

普通の王族

よきにはからえ

現場は知らないが権威は守る。

ハハー！

ピョートル1世

え？王様どこ行ったの？

うおおー！知りたいことばかりだぞ！

とびきり優秀な人材は大量にスカウトしろ！ロシアに連れて帰るぞ！

ピョートル1世

王様、行動力あり過ぎ！

最新の軍事技術

ベルギーイギリスの造船技術

工業や科学

文化や新制度

外交の最前線

実践 リーダーは玉座に鎮座せず、知りたいことのため最前線に足を運び、自分の目と耳で確かめる。こうした貪欲さと行動が革新を成し遂げる。

動きながら相手のスキを突き、集中攻撃せよ！

ナポレオン・ボナパルト
Napoleon Bonaparte

「最悪の策」とは、
「臆病な策」
である！

考えた人

ナポレオン・ボナパルトは
1769 年にコルシカ島で生まれる。砲兵士官として軍歴を開始するが、フランス革命とその後の戦争で手腕を発揮。1804 年、フランス皇帝となる。

内容

ナポレオンの残した言葉には、集中・奇襲・勇猛果敢さの重要性が述べられている。兵隊を動的な状態にして敵のスキを作り出し、その 1 点に全軍の力を終結させて突破するのが彼の基本思想だった。

成立の経緯

1789 年のフランス革命後、王政がフランスで打倒されたことで、フランスは周辺の王政国家と衝突。古い体制を維持する勢力に囲まれながら独立を守るため、劣勢を跳ね返す軍略を持つナポレオンのような人物が抜擢された。

悩み

まだまだ弱い自軍の兵隊。
敵の大軍が、四方八方から進撃してきた……
どう迎え撃てばいい……？

答え

「当事者意識」を極限まで高めさせ、最速で自律的に動ける独立組織単位を設定して、同時並行で活動させる。

この戦略のポイント

①「当事者意識」が最強軍団を作る

国王に金で雇われた傭兵ではなく、フランス人が「自ら祖国のために」戦い、決死の覚悟で戦闘を行う動機があったことで高い士気を保つことができた。

②自律的に行動できる軍団制度の威力

国民徴兵制度で大軍を作り、自律的に行動できる軍団制度によって、広い戦線に対応できる自由で効果的な対応力を生み出した。

③常に動き続け、敵のスキを突く

有名なアウステルリッツの戦い（1805年）では、高台に布陣する優勢な敵に、あえてこちらの弱点を見せて誘い、敵軍が動いた状態にスキを見つけて攻撃、勝利を収めた。

「当事者意識」が
最強軍団を作る

フランス革命で国民全体が
「当事者意識」を高めたことで勝利した。

国王の戦争に
雇われた傭兵

ヤル気がない

フランス国民
自由と平等、祖国を守る戦い

ヤル気にあふれる！

自分たちに関係ない
問題だから無関心。
お金はほしいけど、
傷つきたくない

自分たちに関係がある問題！
自由と平等を守るため
決死の覚悟！　本気で戦う！

参加する仲間が、どれだけ当事者意識を持つかでグループの
勢いは変わる。人を当事者に変えるためには、効果的な理念
を掲げることが重要。

実践

自律的に行動できる
軍団制度の威力

大軍を出現させた「国民徴兵制度」と
軍団制度の機動力と自律性。

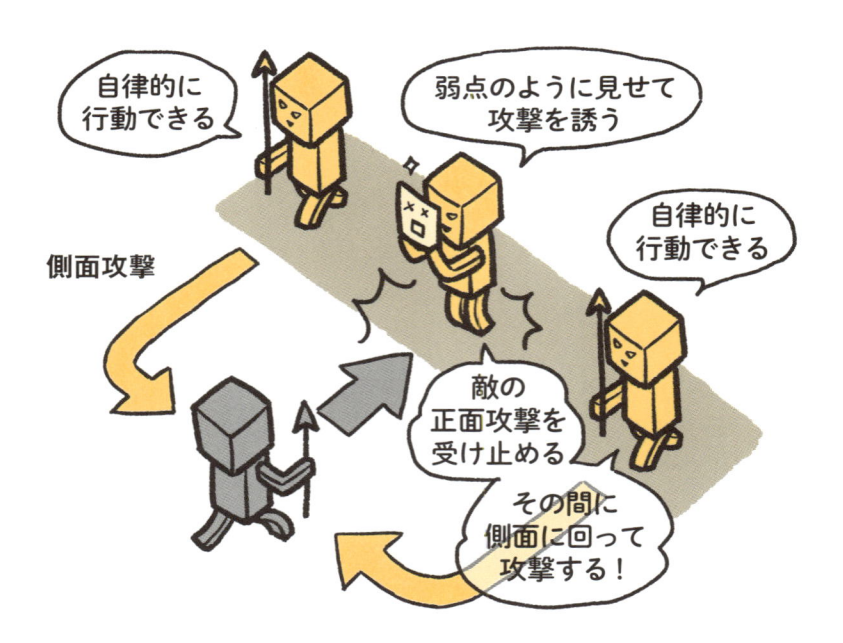

自律的に
行動できる

弱点のように見せて
攻撃を誘う

自律的に
行動できる

側面攻撃

敵の
正面攻撃を
受け止める

その間に
側面に回って
攻撃する！

実践 集団が大きくなれば、単位ごとに自律性があるほうが強い。
自分で判断して行動する集団の設計を、先に考えておくべき
である。

常に動き続け、敵のスキを突く

**静的な状態ではなく、「動的な状態」で
相手のスキを生み出す。**

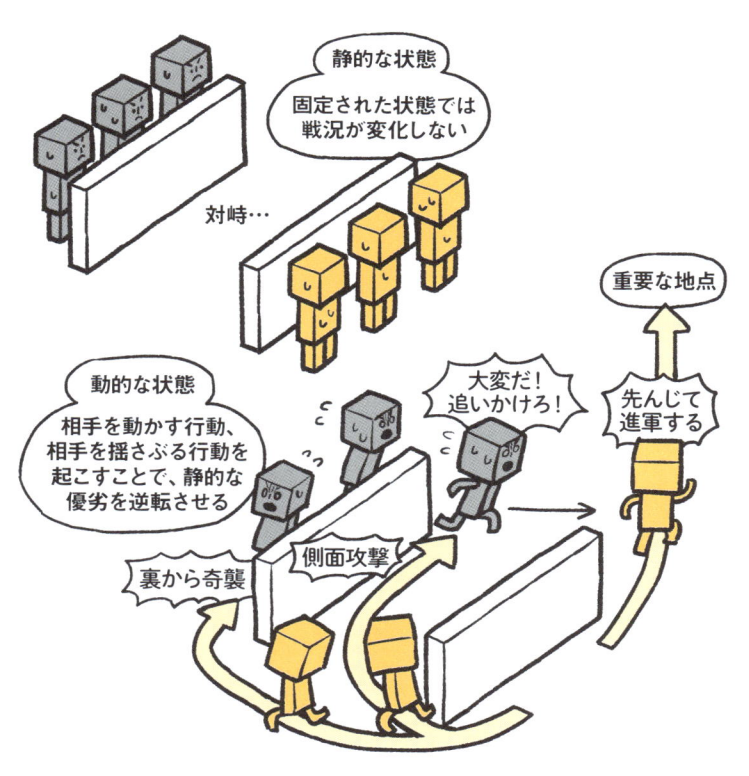

静的な状態

固定された状態では
戦況が変化しない

対峙…

重要な地点

動的な状態

相手を動かす行動、
相手を揺さぶる行動を
起こすことで、静的な
優劣を逆転させる

大変だ！
追いかけろ！

先んじて
進軍する

裏から奇襲

側面攻撃

敵を混乱に陥らせ、二の足を踏んでいるあいだに、自軍を自由自在に動かして敵の「弱いポイント」を突く。

実践

相手の強みを無力化し、一方的な優位に立つ

カール・フォン・クラウゼヴィッツ

Carl von Clausewitz

天才とは
「最も見事な法則
そのもの」である。

成立の経緯

1806年に敗北したプロイセン王国は、国土の半分を失う。フランスに占領された祖国を取り戻すため、クラウゼヴィッツらの軍人グループは、ナポレオンの戦略を徹底研究して彼を打倒する策を生み出した。

考えた人

カール・フォン・クラゼヴィッツは、1780年にプロイセン王国に生まれる。軍人となるが1806年のフランスとの戦争で捕虜になり、のちにフランスのナポレオン打倒の軍略を研究した。著作『戦争論』は彼の死後に妻が整理した原稿をまとめたもの。

内容

書籍『戦争論』は、全8部の構成。戦争の起点から、戦闘における力学、特に敵味方の相互作用により、どのような動きが発生していくかを詳しく考察しており、ナポレオンの生み出した戦場のイノベーションを破壊する意図が感じられる。

私たちも
ファンです

ソビエト連邦
最高指導者
レーニン

中国共産党
初代中央委員会主席
毛沢東

悩み

ライバルがユニークな点や独自の強みを持っていて
非常に強い勢いを生み出しているとき、
どうやって対抗できる……?

答え

少数精鋭軍団が敵なら、相手の強みを無効化するほど
の、大軍で包囲。また、相手が得意とする場所や強み
では勝負せず、そのような場面では粘らずにさっさと
退却する。

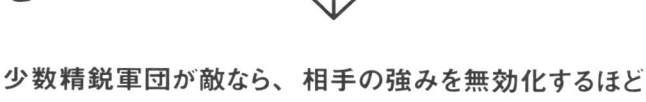

この戦略のポイント

①強い敵は「数」で囲い込んで倒す

突出した機動力を持ったナポレオンに勝つために、1つの部隊が前線に深く入りこんで、
各個撃破されない形で敵を追いつめることを重視した。

②「相手の抵抗力」を破壊する

「敵を打倒しようとするなら、まず敵の抵抗力を知り、それに応じてわれわれの発揮せね
ばならぬ力を加減しなければならない。敵の抵抗力は分離しがたい二要素からなる。一つ
は既存の諸手段の大小であり、二つは意志力の強弱である。」

③相手の強みを武器にさせない展開を計画する

ナポレオンは明確な強みを持った軍事リーダーだった。彼の得意な戦法を武器として利
用できない布陣に展開することが、逆転勝利には欠かせなかった。

強い敵は
「数」で囲い込んで倒す

個別に戦えば強者には必ず負けてしまう。
「大群包囲網」を使う。

個別に１対１の勝負をせずに勝つ

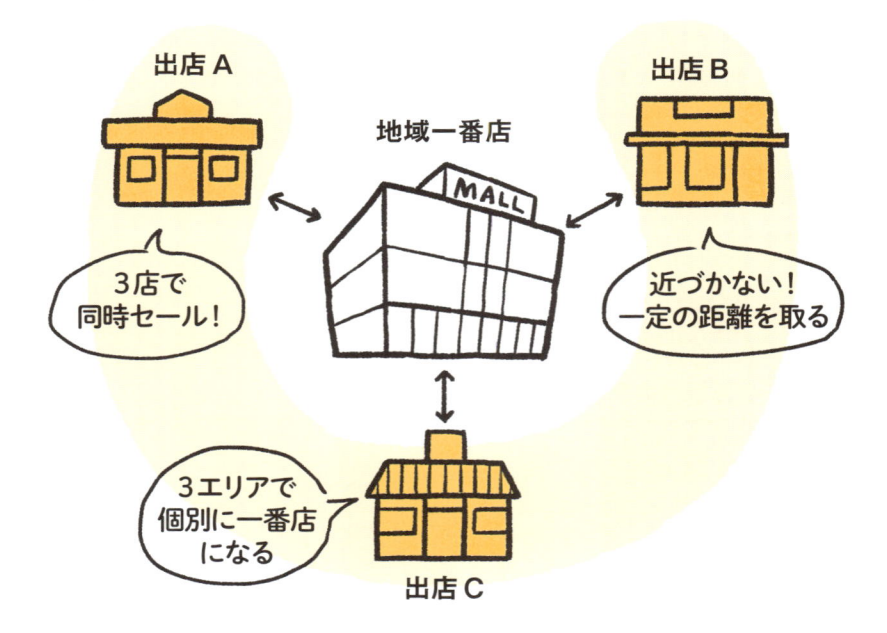

出店 A

地域一番店

出店 B

MALL

３店で
同時セール！

近づかない！
一定の距離を取る

３エリアで
個別に一番店
になる

出店 C

実践 強い相手に１人で当たってはいけない。相手を包囲できるほ
どの兵力（数）が勝っているなら、組織力を活かすほうが容
易に勝てる。

「相手の抵抗力」を破壊する

相手の攻め方よりも防御法に着目して戦略を練る。

敵はグーで対抗
↓
自分はパーを選択

敵はチョキで対抗
↓
自分はグーを選択

敵はパーで対抗
↓
自分はチョキを選択

敵の意志を屈服させることが最終勝利。

とても勝てない！諦めよう…

小ビル

巨大ビル

実践

相手の防御法を見て、こちらの攻め方を決める。戦う前に相手の戦意を喪失させるように手配すればさらによい手である。

相手の強みを武器にさせない展開を計画する

相手の強みを争点にさせず勝つ。

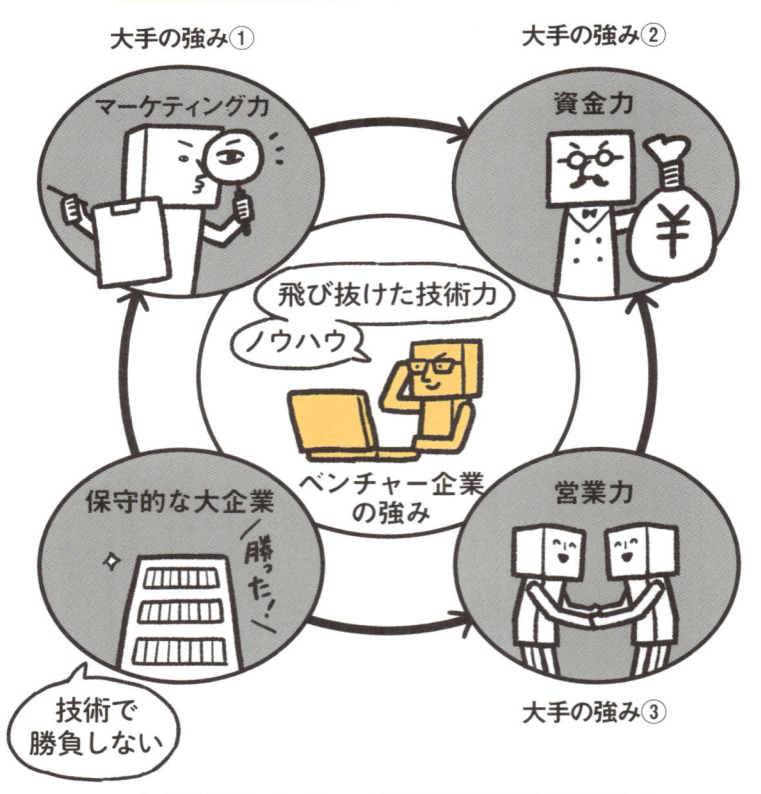

大手の強み①　マーケティング力

大手の強み②　資金力

飛び抜けた技術力　ノウハウ

ベンチャー企業の強み

保守的な大企業　勝った！

技術で勝負しない

営業力

大手の強み③

大企業ならベンチャー企業のように技術ではなく、
ほかの要素で戦うべき。

実践　相手が飛び抜けた強みを持っているなら、それ以外の要素を
重要だと思わせて、相手の強みを争点から外すべきである。

実績による人事で、徹底的な実行力を生み出す

南北戦争
American Civil War

考えた人

エイブラハム・リンカーンは 1809 年米国生まれ。弁護士、上院議員を経て 1861 年に米国合衆国大統領となる。就任から 1 カ月で始まった南北戦争（米国内戦）を指揮して、4 年後に戦争に勝利するも、直後に暗殺される。

内容

まず、電信という新技術を積極的に取り入れた。そして、戦闘のみならず政治、経済など総合的な抗争を計画した。最後に実績・実行を重んじた人事で、負けた将軍を次々クビにして優秀な人材を発掘して戦闘指揮を任せた。

戦争は視野の
狭い軍人だけに
任せるな！

成立の経緯

1861 年の 3 月、リンカーンは米国第 16 代大統領となったが、翌月の 4 月 12 日には開戦となり、北軍を指揮した。しかし、実績のない新米大統領だったため、軍部が当初指揮を軽視したこと、第一次ブルランの戦い（同年 7 月）で優勢だった北軍が敗北したことから、リンカーンは戦争に新たな視点で取り組み始めた。

悩み

なかなか動いてくれない組織を動かして、勝利をつかみたいが、
何をすればいいのか……。

答え

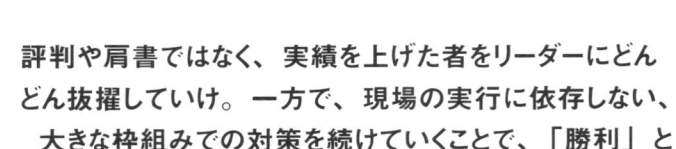

評判や肩書ではなく、実績を上げた者をリーダーにどん
どん抜擢していけ。一方で、現場の実行に依存しない、
大きな枠組みでの対策を続けていくことで、「勝利」と
「実行」を加速させるサイクルを作り上げよ！

この戦略のポイント

①小さな敗北を、新しい発想を取り入れるチャンスにする
電信技術で民間の力を借り、政治的なメッセージで南部を孤立させた。

②現場だけではなく、周辺条件も整えて追い風を作る
いち早く海上封鎖で南部の経済に大打撃を与え、西部地域でも戦闘を開始した。

③「ダメな人材」は躊躇なくすぐに取り替える。
軍事的な経験のないリンカーンを軽視して命令を聞かなかった将軍を次々と更迭した。
一方で、結果を出した若手の士官を指揮官として採用し、進撃を続けた。

小さな敗北を、新しい発想を取り入れるチャンスにする

最初の失敗体験が古い方法を疑わせた。

第一次ブルランの戦い（1861年7月）

バージニア州　v.s.　首都ワシントン

自軍の将軍に任せておけば
このまま勝てるのではないか。

南軍の
デーヴィス

南部大統領
若い時から軍人

南軍が返り討ち！

北軍の
リンカーン

優勢だったはずなのに負けた！
古い発想の軍人だけに
戦争は任せられない…

● 海軍による海上封鎖　● 奴隷制開放宣言
● 演説による世論鼓舞　● 将軍人事の大刷新
● 電信の民間活用

などのアイデアが失敗から生まれた！

失敗の体験から始まることは、学習能力のある者には幸運である。最初から成功した者は、事態を甘く見ることで没落する。

実践

現場だけではなく、周辺条件も整えて追い風を作る

現場だけの視点ではなく、俯瞰的な対策を同時並行で実行する。

ふかん

**北軍
リンカーン大統領**

奴隷解放宣言で欧州の世論を味方にした

戦場の現場部隊への叱咤激励

海上封鎖で南部経済に打撃を与える

自らの演説を繰り返して北部世論を鼓舞

東部だけでなくアメリカ西部でも戦争を開き、多方面から南軍を追い詰める

戦場への細かな指示だけではなく、大きな枠組みの対応も同時並行でやるぞ！

現場部隊の奮戦

戦場で一時的に勝っても劣勢を変えることができない！

**南軍
デーヴィス大統領**

現場だけの発想……

実践 リンカーンは戦場だけでなく、国際世論への配慮や一般市民への演説など、多面的な対策をぬかりなく行った。

「ダメな人材」は躊躇なく すぐに取り替える

まずは実行させてみて、 負けた将軍は次々にクビにした。

人気があっても評判が高くても 結果を出さない将軍はクビだ！

指揮権を与えて 才能を発掘する

すぐ行動しない将軍

負けた将軍

勇敢に戦わない将軍

すぐ行動する人材

若くて能力がある人材

積極性がある人材

パターン将軍
マクレラン将軍

指揮権

ミード将軍
グラント将軍

剥奪

抜擢

怠けていたら
クビにされた！

大統領！
やってみせますぜ!!

とにかく「実績」を重んじ、やらせてみて結果を出せないものは更迭した。そのため誰も文句を言えず、実行力ある若手の抜擢につながった。

実践

「クビ！」がログセの大統領たち

相手が抵抗できない状態を作り、
予期しない場所で決戦する!

リデルハート戦略論
Strategy by B.H.Liddell-Hart

> 敵の弱点に対する
> 「力の集中」こそが、
> 戦争の原則!

考えた人

ベイジル・ヘンリー・リデル
ハートは1895年イギリス生
まれ。歴史学を専攻し、陸
軍に志願して第一次世界大
戦ではフランスの西部戦線
で戦い負傷。のちに軍事研
究家となり、1954年に『リ
デルハート戦略論』を出版。

内容

『リデルハート戦略論』は全
4部構成。ギリシャ時代の
戦争から現代のゲリラ戦争
までを分析して、間接的ア
プローチの有効性を浮き彫
りにしている。ヒトラーの快
進撃と惨敗までを分析した
第3部では、ドイツ軍が、
勝利に酔って直接的な攻撃
を強めたことが敗北につな
がったとしている。

成立の経緯

第一次世界大戦では、敵
の要塞や塹壕に直接攻撃を
したが、敵が十分に備えて
いる場所への攻撃は、損害
が多く不利益なことを、自身
の経験で痛感した。この体
験が「間接的アプローチ」
へとつながった。

悩み

ライバルとガチンコで対決していたら、消耗してしまう……。
どうすれば力を消耗せずに勝利できる？

答え

敵が十分備えている正面への攻撃を避け、備えが薄い
部分を攻撃する、あるいは間接的に相手を無力化する
方法を選ぶ。こちらの本当の狙いを悟らせず、相手
の兵力を分散させよう！

この戦略のポイント

①勝負は戦う前の心理戦で決まる

「戦争開始前にいかにして敵の精神的崩壊をもたらすかという問題こそが、私の興味をそそる。戦線に出て戦争を経験した者なら誰でも、避けられる流血はすべて避けたいと望むものである。」

②敵の抵抗力をとにかく奪う

「戦略の真の目的は、敵の抵抗の可能性を減少させることである。」

③直接ぶつからず、相手の力を削っていく

「激烈な戦闘によって敵の撃滅を企図するよりも、敵を武装解除させるほうがより有効であり（中略）、戦略家は敵の殺戮という観点から考えるべきではなく、敵の麻痺という観点から考えるべきである。」

勝負は
戦う前の心理戦で決まる

戦争開始前に敵の精神的崩壊を
もたらすことを狙う。

> 強いぞ！
> こっちはすごいぞ！

> 実は裏側は
> ハリボテなのだ…

> これじゃ
> 勝てないよ…

> 逃げたほうが
> いい…

> これは
> 負けたな…

戦争開始前に敵の精神的崩壊をもたらすことを狙う。

戦う前に敵の心をくじくような心理戦を成功させれば、緒戦を
優位に運ぶことができる。

実践

敵の抵抗力をとにかく奪う

**戦略の真の目的は、
敵の抵抗の可能性を減少させること。**

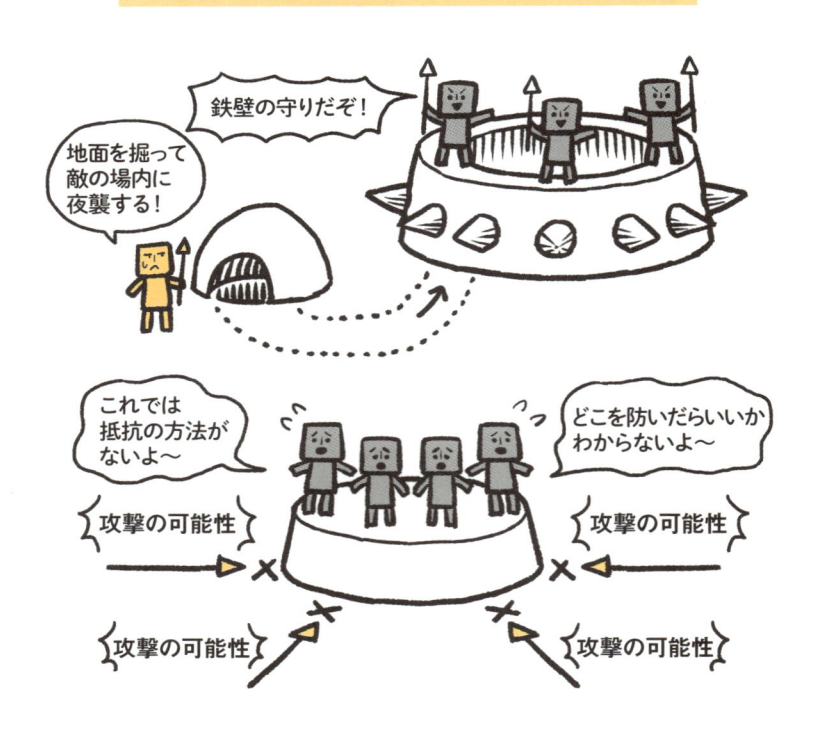

 敵の抵抗力を奪い逃げ道を塞ぐことで、個々の士気を下げ戦力全体を低下させる。

直接ぶつからず、相手の力を削っていく

激烈な戦闘で勝つよりも、敵をマヒさせることを目標とする。

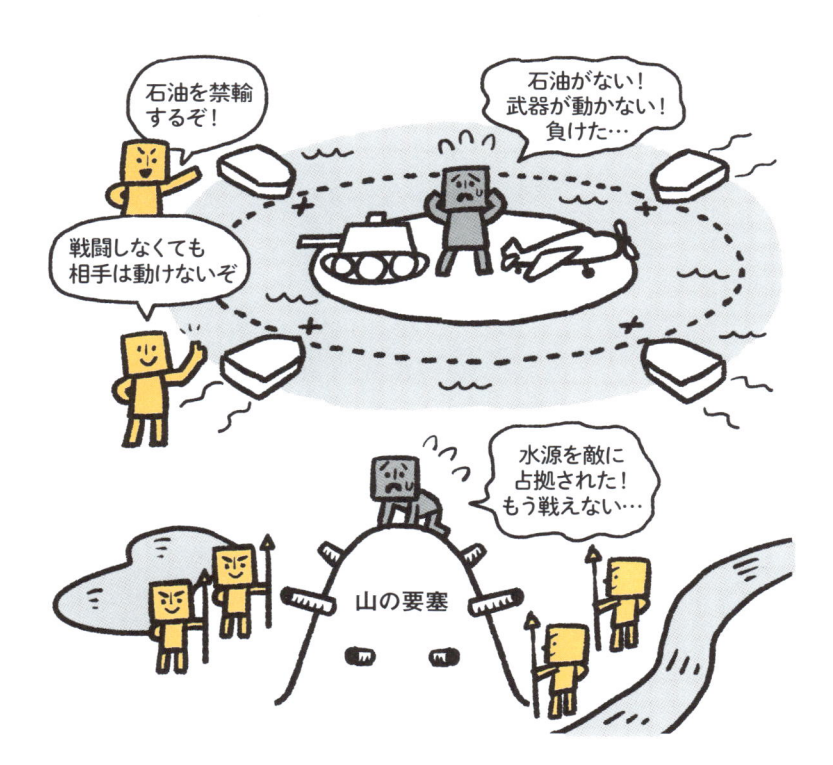

真正面から直接ぶつかるよりも、敵の動きを鈍らせることで、徐々に相手の力を削っていく。

新技術と新知識を急速に取り入れて活用した、
日本の戦略力

日露戦争
Russo-Japanese War

海外の
優れた知識と技術を
吸収した戦略力で、
大国を討つ！

成立の経緯

1904年2月から1905年9月まで行われた日本とロシアの戦争（日露戦争）。地上戦と海戦の両方が行われた。日英同盟の最中であり、日本は英国などから間接的に支援を得た。日本海海戦では劇的な勝利を飾った。

考えた人

やまがたありとも
山縣有朋氏、おおやまいわお
大山巖氏、
やまもとごんべえ
山本権兵衛氏、こだまげんた
児玉源太
ろう
郎氏、とうごうへいはちろう
東郷平八郎氏など、
ぼしん
戊辰戦争の薩長同盟のグループと、以降明治期に軍人としてエリート教育を受けた者たちの混成チーム。

内容

ロシアは当時から大国で、軍備は数倍、兵力も15倍を超える相手だったが、徹底した現実主義と、自己を客観視できたことが、日本を勝利に導いた。一方で、この頃から大本営に代表される「中央集権」には、のちの大敗北へつながる特徴が見られた。

悩み

国力も兵力も何倍もある大国に勝てるの……？

答え

外部の優れたものを吸収して、より洗練された形で使いこなす一連のサイクルの力が、逆転勝利のカギ！

この戦略のポイント

①優れた若手の人材に海外の知識を吸収させる

東郷平八郎や秋山兄弟、また陸軍の多くの人材が欧州や世界で研鑽を積んだ。その結果、新しい知識体系に意識を開きながら、作戦を練ることができた。

②「理論」と「実践」の人材を絶妙に組み合わせる

明治政府は、江戸幕府を転覆した革命軍だったため、机上の空論をはねのける、実戦の気風が残っていた。学歴がない歴戦の猛将たちを活用して、現場第一主義でチームを組んだことが、現実を見据えた大勝利につながった。

③かつての敵も自軍の力とする柔軟な人事体制

オールジャパンと呼ぶにふさわしい、実力による抜擢人事が効果を発揮。一方で、山縣有朋が「長州人がいないのはさびしい」といったことで、乃木将軍が最前線に出て、多くの犠牲を出した例があり、派閥人事の弊害も確実にあった。

優れた若手の人材に
海外の知識を吸収させる

異なる知識体系の環境に
優れた人材を派遣して吸収させた。

優れた人材を新しい知識体系に飛び込ませて、
日本軍におけるイノベーションの種をまいた。

 最優秀の人材を、日本とは異なる知識体系（海外）に飛び
込ませて、貪欲に知識を吸収させた。その結果、日本全体
の軍事知識がアップデートされた。

「理論」と「実践」の人材を絶妙に組み合わせる

実戦あがりの猛将たちと緻密な理論の天才たちの組み合わせの効果。

究極の現実主義と戦場慣れした決断力

戦なら任せろ

戊辰戦争の勝者・生き残りの猛将（実戦の経験者）

実践と理論の融合

最新理論の学習でずば抜けた才能を見せた天才たち

作戦を立てるぞ！

机上の理論だけの天才は過酷で見通しの利かない戦場では
単独で機能できないケースも多かった。

実践

江戸から明治のあいだに日本で行われた内戦では、戦争に
つぐ戦争で実戦経験豊富な将軍がおり、そこに最新知識を得
た理論の天才である若手がタッグを組み、チームを作った。

かつての敵も自軍の力とする柔軟な人事体制

派閥をはねのけた完全実力主義の人事の絶大な威力。

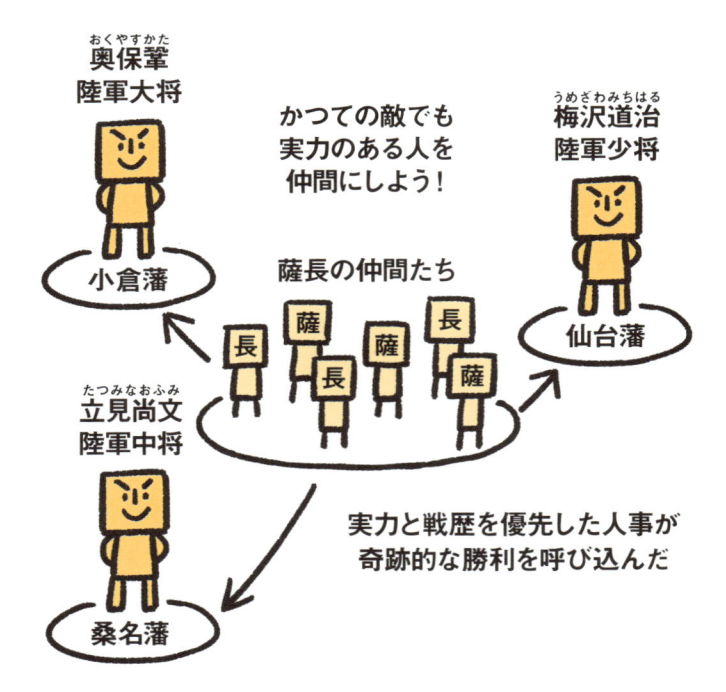

おくやすかた
**奥保鞏
陸軍大将**

小倉藩

かつての敵でも
実力のある人を
仲間にしよう！

うめざわみちはる
**梅沢道治
陸軍少将**

仙台藩

薩長の仲間たち

長 薩 薩 長
長 薩 薩

たつみなおふみ
**立見尚文
陸軍中将**

桑名藩

実力と戦歴を優先した人事が
奇跡的な勝利を呼び込んだ

実践 好き嫌いの人事やチームでは、最強の戦力は実現できない。
自分たちが負けた人材を抜擢するほどの器量が、明治政府に
勝利をもたらした。

目的地までの道筋を共有し、
日中戦争に勝利したリーダーの戦略力

毛沢東
Mao Zedong

> 自律的な分散組織を
> 活用すれば、
> 局所的な
> 優位によって勝てる!

考えた人

毛沢東は 1893 年生まれ。中国共産党の創立者の 1 人で、日中戦争では政治的・軍事的指導者として活躍。若い頃のごく一時期、歴史の教師だった。第二次世界大戦以降、死去するまで中国の最高指導者であった。

内容

書籍『遊撃戦論』は簡潔な文章で比較的短い。全 9 章。前半では遊撃戦の意義、中盤では具体的な戦闘方法や防御と進撃について語り、最終章では、ゲリラ戦での特殊な指揮系統について説明している。

成立の経緯

毛沢東は、『遊撃戦論』『持久戦論』などの著作を残している。『遊撃戦論』はゲリラ戦の要点を解説しており、日本軍の中国進出に対抗するための方策を、広く中国全土に広めるテキストとしても機能した。

悩み

少数精鋭の相手に対し、人数は多いが弱い自軍……。
こんな状態でも勝利したい！

答え

①最終勝利までの筋道を明確に描いて広く知らしめ、
②分散した小さな部隊が自律的に活動して、各地
で一極集中的に敵を追い詰めていけ!

この戦略のポイント

①勝利までのロードマップを共有する

「(日本軍が) 全中国を無制限に併合してしまうことは不可能である。いつの日か、日本は完全に受身の立場に立つことになるであろう。」

②自らの判断で戦えるゲリラ部隊の育成

「正規戦争における指揮方法を遊撃戦争に適用すれば、必然的に遊撃戦争のもつ高度の機敏さを拘束してしまい、遊撃戦争をまったく生気のないものにしてしまうであろう。」

③中国式の高等戦略「逃げながら攻撃」

「戦術上の防御手段は、直接、間接に進攻を助けるのでなければ、まったく意味がない。」
「単純な防御と退却は、自己を保存するうえで、一時的な、部分的な役割を果たすのみであって、敵を消滅するにはまったく役に立たないものである。」

勝利までのロードマップを共有する

最終勝利までの道筋をマップ化して周知させる。

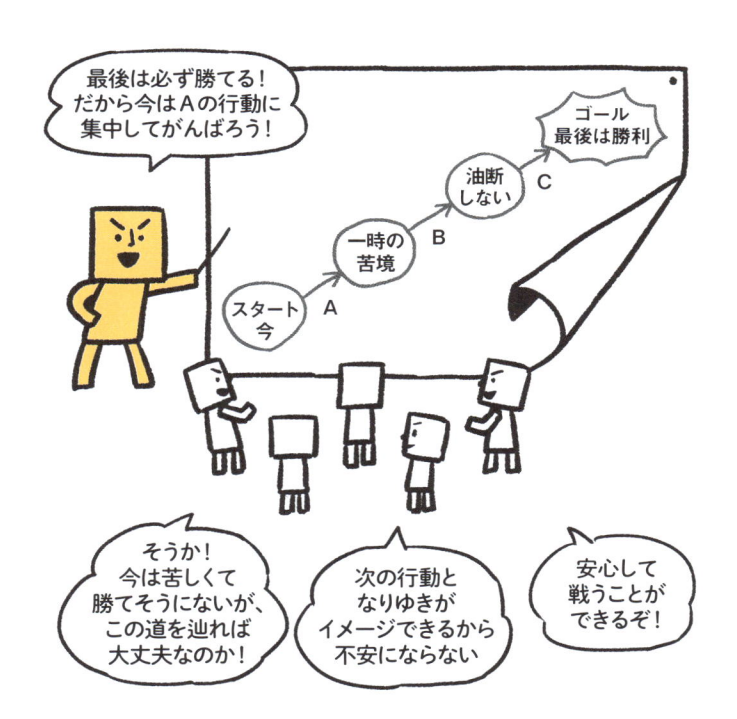

今日この瞬間を俯瞰するには、今後の道筋をマップ化したものが役に立つ。今の苦境だけしか見えないと、人の心は折れやすい。

自らの判断で戦える
ゲリラ部隊の育成

自律分散型組織で、
局所優位を作る。

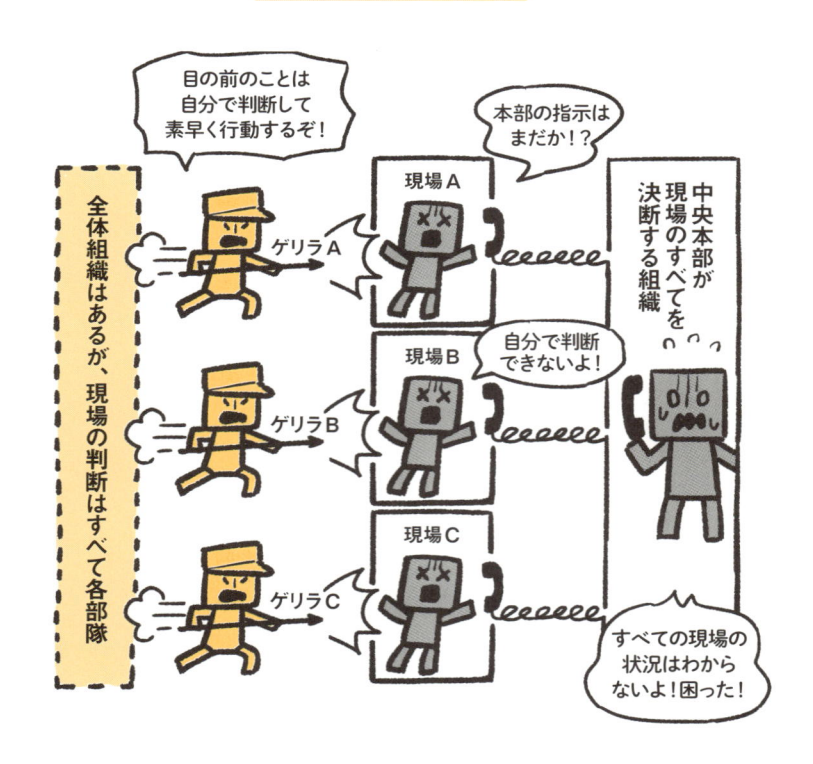

毛沢東は、自律的な組織としてゲリラ部隊を作った。最前線の小部隊は自己判断で戦闘ができ、日本軍を機動力と対処力で上回った。

中国式の高等戦略「逃げながら攻撃」

ただ防ぐ、ただ逃げるだけではダメ。逃げながらも敵を攻撃する要素を作る。

目の前の敵は強いので防ぐだけでも後方では部隊をどんどん育てるぞ！

基地

強い敵

強い敵

後ろの敵からは逃げるけど、小さな弱い敵は攻撃して移動する！

強い敵

強い敵

弱い敵

弱い敵

実践

強い敵との正面衝突は避けながら、逃げるときにも勝利の種をまき続けた。逃げながらも戦う要素を併存させる者が、最後の勝者になる。

フラットな組織で、アメリカの圧倒的な軍勢を
跳ね返した戦略

ベトナム戦争
Vietnam War

> 1人ひとりが
> 勇気と知性を持てば、
> 自軍は強くなる！

考えた人

ベトナム戦争で解放戦線側を指導したヴォー・グエン・ザップは1911年生まれ。一時歴史などの教師を務める。フランス、日本、米国の植民地支配に抵抗を続け、ベトナムでは「救国の英雄」とされている。

成立の経緯

グエン・ザップは1944年に、たった34人の兵士で軍事機構を作り始めた。米軍は最盛期で54万人、弾薬総数は1200万トン。少数から始めたベトナム解放戦線は、戦うたびに膨張する戦略を採用するしかなく、ゲリラ戦と大衆を独立戦争に巻き込む巧みな宣伝活動が重視された。

内容

解放戦線は、民衆を味方につけるため、各村で敵が誰で、自分たちが何のために戦い、未来はどうなるかを伝えた。学習した兵士が今度は教官になる方式で、組織は増え続けた。フラットな環境がゲリラ戦において創意工夫を生み出し、神出鬼没の強い軍隊となった。

悩み

ゾウとアリのような、圧倒的な軍事力の差があるとき、
アリはどうすれば勝てるのか……

答え

↓

「なぜ、誰のために戦うのか?」を1人ひとりが自覚する。
そのために、徹底的にフラットな組織にして、議論
を行い、「知性ある勇気」を兵士に発揮させよ!

この戦略のポイント

①フラットな組織で、平等に意見を出し合える環境

「ゲリラは隊長も部下もなく、みんなで平等に作戦を議論し、一人でも納得しない人がいれば何時間でも話し合ったという。そこがアジア太平洋戦争当時の日本とベトナムとの違いだ。」

②無限増殖しながら自己教育していく組織

3名を現場の最小単位として、3つの3人組プラス1名のリーダーの合計10人で分隊となる。実戦で学んだものが新しい3人組を作り、学習しながら分裂と増殖を繰り返した。

③「わかりやすいストーリー」で民衆を味方につける

(寒村でおこなったおとぎ話形式の演説)「土地を持たぬ貧しい人々がいた。彼らは自由になりたいと思っていたが武器がなかった。一方、これらの民衆に反対する金持ちの武器を持った外国人がいた。彼らはその武器を彼らのかいらいの悪ものに与え、給料を与えていた。しかし、かいらいたちは、戦おうとしなかった。だから外国人は自分たちで戦わなくてはならなくなった。しかし貧しい民衆は勇敢で外国人たちから武器を奪い、いまやその武器を持って外国人とかいらいと戦おうとしている。多くの外国人やかいらいがこのために死ぬだろう。」

フラットな組織で、平等に意見を出し合える環境

米国に勝利したベトナム解放戦線は旧日本軍と違い、平等な現場を実現した。

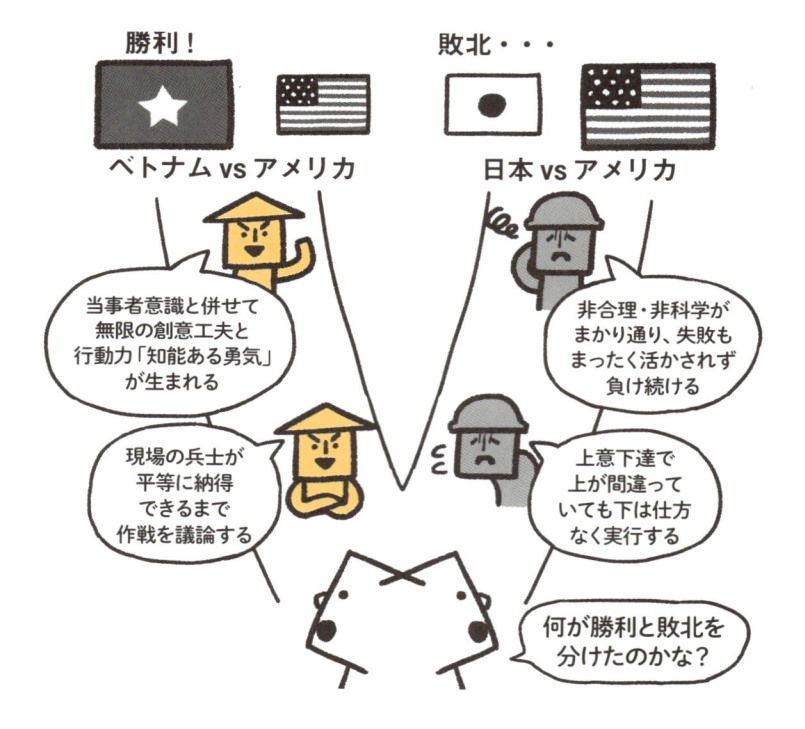

勝利！　　　　　　　　敗北・・・

ベトナム vs アメリカ　　　　日本 vs アメリカ

当事者意識と併せて
無限の創意工夫と
行動力「知能ある勇気」
が生まれる

非合理・非科学が
まかり通り、失敗も
まったく活かされず
負け続ける

現場の兵士が
平等に納得
できるまで
作戦を議論する

上意下達で
上が間違って
いても下は仕方
なく実行する

何が勝利と敗北を
分けたのかな？

実践　ベトナム兵は、「知能ある勇気」を合言葉に上官とも議論して、全兵士で作戦を練った。猪突猛進を避けて効果的な戦いを展開できた。

無限増殖しながら
自己教育していく組織

**学習しながら分裂と増殖を繰り返す解放軍は、
部隊をどんどん進化させる。**

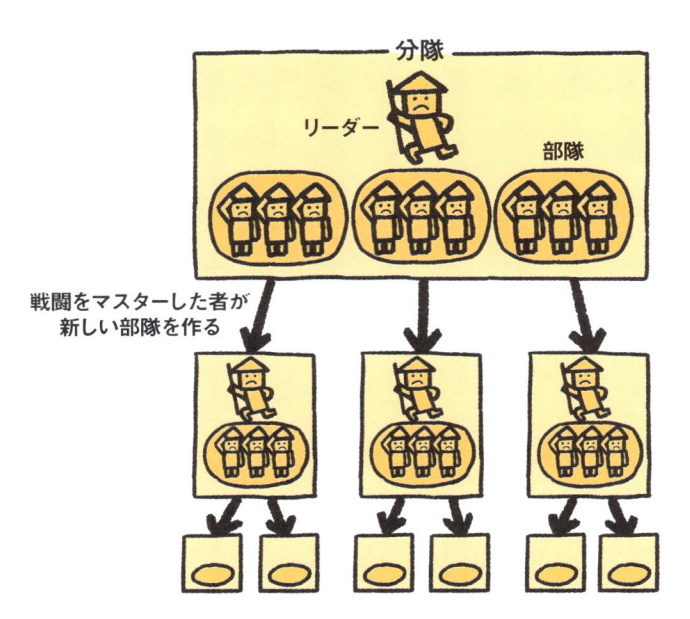

分隊

リーダー

部隊

戦闘をマスターした者が
新しい部隊を作る

平等に討論しながら戦闘をマスターした者が、
次の指導者となって組織を増殖させ続ける。

実践

小隊で戦闘法をマスターした者が、次に小隊を作るリーダー
となった。無限に分節しながら学習を続ける組織が出現して
いった。

「わかりやすいストーリー」で民衆を味方につける

難しい論理ではなく、全体像を誰にでもわかりやすく伝える。

高尚な言葉
難しい理論

負け組

よくわからないなぁ

自分たちに
どんな関係が
あるのかな？

全体像をおとぎ話のように
わかりやすく伝える
（演劇や舞台）

勝ち組

こっちのほうが
わかりやすくて
感情に訴えてるね！

自分の未来が
関わっているんだ！

実践

小難しい理論より、実感のこもった物語や演劇のほうが、広く大衆の心をとらえる。重要な情報を最底辺から広げる工夫だった。

■参考・引用文献一覧

第1章 古代・中世・近代の競争戦略

◆**1**『孫子』町田三郎 訳（中央公論新社）◆**3**『ガリア戦記』カエサル 著、國原吉之助 訳（講談社）『カエサル』エイドリアン・ゴールズワーシー 著、宮坂渉 訳（白水社）◆**4**『歴史群像シリーズ26 チンギス・ハーン 下巻 狼たちとの戦いと元朝の成立』（学習研究社）『パックス・モンゴリカ チンギス・ハンがつくった新世界』ジャック・ウェザーフォード 著、星川淳 監訳、横堀冨佐子 訳（日本放送出版協会）◆**5**『君主論 新版』マキアヴェリ 著、池田廉 訳（中央公論新社）

第2章 競争戦略

◆**6**『新版 競争戦略論Ⅰ・Ⅱ』マイケル E. ポーター 著、竹内弘高 訳、DIAMOND ハーバード・ビジネスレビュー編集部 訳（ダイヤモンド社）、「ポーター vs バーニー論争のその後を考える」岡田正大（2013年10月『DIAMOND ビジネスレビュー』より）◆**7**『企業戦略論 上・中・下』ジェイ・B・バーニー 著、岡田正大 訳（ダイヤモンド社）◆**8**『ビジョナリー・カンパニー』ジム・コリンズ 著、山岡洋一 訳（日経 BP 社）◆**9**『戦略プロフェッショナル』三枝匡 著（日本経済新聞出版社）

第3章 競争を避ける競争戦略

◆**10**『ランチェスター戦略入門』田岡信夫 著（ビジネス社）◆**11**『[新版]ブルー・オーシャン戦略』W・チャン・キム 著、レネ・モボルニュ 著、入山章栄 監訳、有賀裕子 訳（ダイヤモンド社）◆**12**『競争優位を実現する ファイブ・ウェイ・ポジショニング戦略』フレッド・クロフォード 著、ライアン・マシューズ 著、星野佳路 監修、長澤あかね 訳、仲田由美子 訳◆**13**『競争しない競争戦略』山田英夫 著（日本経済新聞出版社）

第4章 産業構造の戦略

◆**14**『トヨタ生産方式』大野耐一 著（ダイヤモンド社）◆**15**『ブロックチェーン・レボリューション』ドン・タプスコット 著、アレックス・タプスコット 著、高橋璃子 訳（ダイヤモンド社）◆**16**『時価総額アジア1位 テンセント帝国を築いた男 馬化騰』Lin Jun 著、Zhang YuZhou 著、高橋豪 訳、ダンエディ 訳（日本僑報社）◆**17**『アマゾン、ニトリ、ZARA……すごい物流戦略』角井亮一（PHP 研究所）◆**18**『ジェフ・ベゾス 果てなき野望 アマゾンを創った無敵の奇才経営者』ブラッド・ストーン 著、井口耕二 翻訳（日経 BP 社）

第5章 実行の戦略

◆**19**『戦略サファリ 戦略マネジメント・ガイドブック』ヘンリー・ミンツバーグ 著、ブルース・アルストランド 著、ジョセフ・ランペル 著、木村充 訳、奥澤明美訳、山口あけも訳（東洋経済新報社）◆**20**『経営は「実行」—明日から結果を出すための鉄則』ラリー・ボシディ 著、ラム・チャラン 著、高遠裕子 訳（日経 BP 社）◆**21**『HIGH OUTPUT MANAGEMENT 人を育て、成果を最大にするマネジメント』アンドリュー・S・グローブ 著、小林薫 訳（日経 BP 社）◆**22**『ティール組織——マネジメントの常識を覆す次世代型組織の出現』フレデリック・ラルー 著、鈴木立哉 訳（英治出版）

第6章 イノベーションの戦略

◆**23**『知識創造企業』野中郁次郎 著、竹内弘高 著、梅本勝博 翻訳（東洋経済新報社）◆**24**『創造する経営者』ピーター・F・ドラッカー 著、上田惇生 著（ダイヤモンド社）◆**25**『イノベーションへの解 利益ある成長に向けて』クレイトン・クリステンセン 著、マイケル・レイナー 著、玉田俊平太 監修、櫻井祐子 訳（翔泳社）◆**26**『ゼロ・トゥ・ワン 君はゼロから何を生み出せるか』ピーター・ティール 著、ブレイク・マスターズ 著、関美和 訳（NHK 出版）

第7章 IT 時代の戦略

◆**27**『両利きの経営』チャールズ・A・オライリー 著、マイケル・L・タッシュマン 著、入山章栄 監訳、渡部典子 訳（東洋経済新報社）、◆**28**『プラットフォーム・レボリューション 未知の巨大なライバルとの競争に勝つために』ジェフリー・G・パーカー 著、マーシャル・W・ヴァン・アルスタイン 著、サンジート・ポール・チョーダリー 著、妹尾堅一郎 監訳、渡部典子 訳（ダイヤモンド社）◆**29**『情報の文明学』梅棹忠夫 著（中央公論新社）◆**30**『the four GAFA 四騎士が創り変えた世界』スコット・ギャロウェイ 著、渡会圭子 訳（東洋経済新報社）

第8章 戦争戦史

◆**33**『戦争論』クラウゼヴィッツ 著、清水多吉 訳（中央公論新社）◆**35**『リデルハート戦略論』ベイジル・ヘンリー・リデルハート 著、市川良一 訳（原書房）◆**37**『遊撃戦論（中公文庫）』毛沢東 著、藤田敬一 訳、吉田富夫 訳（中央公論新社）、『観光コースでないベトナム——歴史・戦争・民族を知る旅』伊藤千尋 著（高文研）◆**38**『ベトナムの泥沼から』デービッド・ハルバースタム 著、泉鴻之 訳、林雄一郎 訳（みすず書房）

【著者紹介】

鈴木　博毅（すずき・ひろき）

●──ビジネス戦略コンサルタント。

●──1972年生まれ。慶應義塾大学総合政策学部卒業、京都大学経営管理大学院（修士課程）修了。

●──卒業後は、貿易商社にてカナダ・豪州の資源輸入業務に従事。その後国内コンサルティング会社に勤務し、2001年に独立。

●──戦略論や企業史を分析し、負ける組織と勝てる組織の違いを追求しながら、失敗の構造から新たなイノベーションへのヒントを探ることをライフワークとしている。

●──現在、ビジネス戦略コンサルタントとして、国内のみならず海外でも活躍中。顧問先には、オリコン顧客満足度ランキング1位を獲得した企業や、特定業界での国内シェアナンバーワン企業などがある。

●──『「超」入門 失敗の本質』『古代から現代まで2時間で学ぶ　戦略の教室』『戦略は歴史から学べ──3000年が教える勝者の絶対ルール 』（以上、ダイヤモンド社）、『最強のリーダー育成書「君主論」』（KADOKAWA）など著書多数。

【イラスト】

たきれい

●──イラストレーター。

●──自身の育児をきっかけに、イラストを使った視覚支援活動（書籍、グッズ制作）などに取り組んでいる。

●──著書に『保育園児くもくんの連絡帳』（KADOKAWA）、イラストを担当した書籍に『仕事が速い人はどんなメールを書いているのか』（文響社）などがある。

3000年の叡智を学べる　戦略図鑑　　　　　　　〈検印廃止〉

2019年12月16日　　第1刷発行
2020年1月24日　　第3刷発行

著　者──鈴木　博毅

イラスト──たき　れい

発行者──齊藤　龍男

発行所──株式会社かんき出版
　　　　　東京都千代田区麹町4−1−4西脇ビル　〒102−0083
　　　　　電話　営業部：03（3262）8011代　編集部：03（3262）8012代
　　　　　FAX　03（3234）4421　　　　　振替　00100−2−62304
　　　　　http://www.kanki-pub.co.jp/

印刷所──シナノ書籍印刷株式会社